13歳からの
マネーレッスン
の本!

FPママの

親と子で学ぶ
お金のABC

ファイナンシャルプランナー
山内真由美

河出書房新社

お金で失敗しない〝しっかりさん〟に育ってほしい◉はじめに

これまでの日本は、新卒で入社した会社に終身雇用され、定年とともに退職金が出て、老後は退職金の取り崩しと公的年金で、のんびり余生をすごす——そんなライフスタイルをめざすことが一般的でした。

このような「お金の常識」は、もう通用しません。人生100年時代を迎え、多くの人は退職後の老後期間が長くなります。若いうちからお金を計画的に使い、貯蓄する習慣がなければ、将来、お金に困る危険性が高いのです。

転職が当たり前の時代では、定年時に受けとる退職金額が減り、さらに少子高齢化が進めば、公的年金の受給額が、物価高に対応しきれずに目減《めべ》りしてしまう可能性もあります。つまり、国や会社に頼った老後設計が望めなくなるため、子どもたちには、まったく新しいお金の知識と判断力が必要になるのです。

まずは、次ページの「お金のこと『10のチェックリスト』」にトライしてください。親であるあなたが、ふだんどのようにお金と向き合っているかを知るためのものです。

お金のこと「10のチェックリスト」

以下の10の質問について、それぞれ、①そう思う　②どちらかといえばそう思う　③どちらかといえばそう思わない　④そう思わないのうち、当てはまるものを選び、数字を書き入れてください。

	質問	記入欄
1	子どものうちは学校の勉強が大事。お金のことは知らなくていい	
2	子どもの教育費を払うのは親の務め。無理してでも全額負担すべき	
3	家は一生に一度の買い物だから、妥協しないほうがいい	
4	老後は年金でなんとかなると思う	
5	投資をするのはあぶないことだと思う	
6	日本人なのだから、円の資産だけ保有していればいい	
7	ライフプランはしょせん絵にかいた餅、つくる意義はない	
8	家計はおおまかに把握できているから、家計簿はつけなくてもいい	
9	ニュースはネットの記事を見れば十分だと思う	
10	お金のことはプライベートなこと。他人に相談するものではない	

このチェックリストで、

①が多かった人…お金と上手につき合えていますか？　お金のことをもっと学んで仲良くしましょう。使い方、貯め方、増やし方を親子で学ぶことをおすすめします。

②が多かった人…もう少し勇気をもってお金と向き合ってみましょう。

③が多かった人…あともう一歩。いまよりもお金のことに興味をもちましょう。

④が多かった人…お金とのつき合い方の基礎はできています。「お金名人」をめざして、親子でさらにお金の知識を増やしてください。

いかがでしょうか。

私は中学3年生になる双子の娘を育てながら、ファイナンシャルプランナー（FP）としてお金に関する個別相談やセミナー講師、執筆などを行なっています。わが家では、親子の日常会話を通して、お金の大切さや、上手な使い方などを「口頭で伝えること」を心がけています。

2022年4月から、高校で金融教育が必修となりました。金融教育とは「お金や金融のさまざまなはたらきを理解し、それを通じて自分の暮らしや社会について深く考え、自分の生き方や価値観を磨きながら、より豊かな生活やよりよい社会づくりに向けて、主体的に行動できる態度を養う教育」と定義されています（金融広報中央委員会「知るぽると」金融教育プログラム【2023年10月改訂版】より）。

学校の授業で金融について学ぶ機会が増えたことは、親としてとてもうれしいことです。その一方、教室で、集団で学ぶことには、どうしても限界があります。やはり、親が実際の生活シーンで、態度や言葉でくり返し教えて、定着させることが大切なのではないでしょうか。

将来、お金に困らない子どもになってもらうには、なるべく早い段階から、家庭でお金の話をしていくことです。中学生はあるていど、社会のしくみやニュースなどが理解できるようになり、小学生よりもお金に興味や関心がある状態になっています。

現在の中学生は、小学生の時代にキャッシュレス決済が急速に普及したこともあって、ふだん現金を扱う場面が減っています。キャッシュレス決済は便利な半面、お金を使ったという感覚が薄れることから、「気づかないうちに使いすぎてしまう」というデメリットがあることは、すでにお気づきでしょう。

大人になる前に、収支管理の方法をしっかりと伝えておかなければなりません。高校生ともなると、友人とのつき合いが深まり、行動範囲も広がるため、親の目が行き届かなくなります。ぜひとも、中学生のうちに「おこづかい」を自分で管理させ、お金の「小さな失敗」を経験させてあげてください。

本書は、会話スタイルで「親から子どもに伝えたいお金の知識」、そして「お金に関する判断力と行動力を育てる」コツについて説明していきます。子どもとお金の話をするきっかけとなる場面やキーワードをふんだんに取り入れて、すぐに実践できる内容となっています。

ぜひともご一読いただき、今日から「親子で楽しく金融教育」をスタートしていただければ幸いです。

山内真由美

FPママの親と子で学ぶお金のABC◉もくじ

レッスン1 お金の大切さを話そう

レッスン2　お金の生きた使い方を話そう

レッスン3 稼ぎ方・貯め方・備え方を話そう

レッスン4 お金にひそむリスクを話そう

レッスン5
お金の増やし方を話そう

カバーデザイン◉こやまたかこ
イラスト◉くにともゆかり
アイコン◉beep
協力◉NEO企画

レッスン1

お金の大切さを話そう

家のお手伝いをしてもらう。お駄賃はいる？いらない？

「近所のお米屋さんで、お米買ってきて～」

「えー、いま学校から帰ってきたばかりなんだけど」

「じゃあ、何時だったら行ってくれる？」

「うーん。もうちょっとしたら」

「頼むね。定期テストの直前とかは頼まないけど、ふだんは簡単なことでも、家のことを手伝ってくれるとうれしいんだけど」

「家族の一員だから、っていうんでしょ。でも1回50円じゃ、やる気起きないわ～」

「幼稚園のときは喜んでたのに(笑)。じゃ、もうお駄賃《だちん》はいらない？」

「そんな時代もあったね。あの頃は素直だった。50円でも、ちゃんと欲しい」

「そうそう。あのときは、ママから頼まれごとをしたら、うれしそうにやってくれてたじゃない。『家族の誰かがやってくれる。自分は関係ない』と思わないで」

「はいはい、わかったよ。そういえばお米屋さんも『偉いね』って、中学生のいまでも缶ジユースを1本くれる」

「成長を見守ってくれて、ありがたいね」

「親や学校以外の大人と話をすることも、あんまりないからね」

「近所の人やお店の人など、ちゃんと挨拶してね。地震とかの災害や、犯罪に巻きこまれそうになったとき、近所の人たちはきっと頼りになってくれるから」

「うん、わかった」

「じゃあ、おつかいよろしく！」

【子どもに学んでほしい点は…】

親は子どもがお手伝いをしてくれると、本当にうれしい！　中学生になると、部活を終えて帰宅するのは17時をすぎていて、とても疲れているよね。

でも、大人も仕事で疲れて帰ってきて、夕飯の支度《したく》をしているの。

もしも、そのときに「お米がない！」などと困ったときは、喜んで手伝ってほしいな。

ひとりで家事をするよりも、家族で助け合うほうが早く夕食を食べられるよ。そして50円は少ないかもしれないけど、お手伝いのお礼の気持ちとして大事に受けとってほしいな。

【おうちの方へ、アドバイス…】

お手伝いにお駄賃を払うのは、賛否両論があると思います。「お金を渡して働かせるよりも、自発的に家の手伝いをするのが当たり前であり、大切なことだ」という声も聞きます。正解はなく、その家庭の方針で決めていいと思います。

海外では芝刈りや靴をみがくなど、家庭内でアルバイトをさせて、その対価としてお駄賃を渡しているところもあるようです。労働をし、賃金を受けとることを小さなうちから実践させる、という考え方です。

わが家の場合は幼稚園のときから、家族のために何かをしたら、お駄賃というかたちで、少額のお金を渡しています。近所のお店でお金を払い、しっかりとお釣りをもらってくることも実践させました。

うまくいかなかったこともあります。子どもがまだ小学校低学年の頃、冷蔵庫のジュースが無くなってしまったとき、おつかいに行ってもらいました。

そのとき、現金で５００円玉を渡したのですが、行ってすぐに半べそで戻ってきました。早く買いたくて、お金を手にもって走ったら、落としてしまったのです。５００円玉は雨水ますの中にコロコロと転《ころ》がって入ってしまい、取れなくなっていました。親子で雨水ますの中をのぞいていたら、近所のおじいさんが、「ウチに工具あるから、フタをもち上げてあげるよ」といってくださり、お金を無事に救出することができました。子どもはとても喜び、おじいさんに親子でお礼をいいました。

　そして、「お金は大事だね。手にもって歩くのはダメだね」と子どもにいってきかせました。いまでも覚えていて、思い出話をすると、「また、その話〜？」と笑います。現金はサイフに入れてもち運ぶ。ポケットに入れない、手にもって歩かない。基本的なことですが、とても大切なことです。現金をぞんざいに扱わない大人になってほしいと思います。

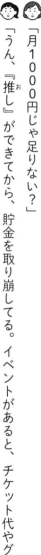

おこづかいの増額を求められたら

「おこづかいの額を増やしてほしい」
「月1000円じゃ足りない？」
「うん、『推《お》し』ができてから、貯金を取り崩してる。イベントがあると、チケット代やグッズ代もかかるし。それにYouTubeチャンネルのメンバーシップの会費が月４９０円でしょ」

「会費は妹と半分ずつ負担しているから、月２４５円が定額で出ていくね。でも、学校で使うノートなど学用品や衣服は親が買っているよね」

「自分で買うのは、マンガ本や小物、そしてアクセサリーやプチコスメとかかな。自分の趣味の買い物と、お友達へのおみやげだけなんだけど」

「おこづかい帳はつけてないよね」

「つけてないけど、お金を入れてる封筒からお金を出すときに、使い道はメモしてるよ」

「なるほど。そのなかにムダづかいはなかった？　欲しいものに優先順位をつけて、お金をやりくりするのが基本だから、おこづかいは、安易《あんい》に増やせないな」

「うーん、マンガも読みたいし、推しも応援したいし、スクイーズなどの小物やイラストを描《か》くためのコピックというペンも欲しい」

「クリスマスプレゼントか、誕生日まで、ガマンするとかできない？」

「コピックは36色揃《そろ》えたいけど、金額が大きくなるから、プレゼントの機会まで待つ」

「うん、そうだね。でもやっぱり、月の定額は１０００円のままで。おこづかいの使い道をちゃんと記録してみて、もう1回、考えてみて」

「お金を使うって、楽しいんだよね」

「わかるけど、お金には限りがあるから。収入を増やすか、支出を減らす工夫をするしかないよ」

「支出はもう一度見直してみる。でも、収入は月1000円のおこづかいと、年1回のお年玉だけだと、難しいな」

「臨時収入として、おつかいのお駄賃50円。あと、家族のために、しっかりとしたお仕事というか、お手伝いをしてくれたら、臨時ボーナス1回500円でどう？」

「うん、わかった」

【子どもに学んでほしい点は…】

月額のサービスを利用すると、毎月支払いが発生するので、ほかの出費をガマンしなくてはならなくなるね。支払う分を先に取り分けてから、予算を立てよう。買い物に行く回数を、1か月に1回にするとか、1回の予算を決めるなどして、計画的なお金の使い方を身につけてね。

おこづかいの範囲で買えない金額のものが欲しくなった場合は、貯《た》めてから買うか、誕生日やクリスマスプレゼントなどのタイミングまで待ってみては？　お年玉を使うことや臨時収入（かせぐ）の方法を検討してみよう。安易におねだりしてはダメだよ。

【おうちの方へ、アドバイス…】

一番大事なことは「おこづかいは定期的に渡すこと」だと思います。子どもからの要求に応じるかたちでお金を渡していると、予算管理を学ぶことができません。

では、中学生の1か月のおこづかいはいくら渡すのが適切でしょうか。

全国アンケートを見てみると、じつは金額がバラバラです。1000円から2000円未満が32・0％と一番多く、つぎに2000円から3000円未満が20・5％、3000円から4000円未満が17・5％と続いています。そして最頻値《さいひんち》が1000円、中央値が2000円、平均値が約2500円です。

金額がバラバラなのは、子どものおこづかいの範囲が、各家庭で違うからではないでし

中学生の1か月のおこづかい額

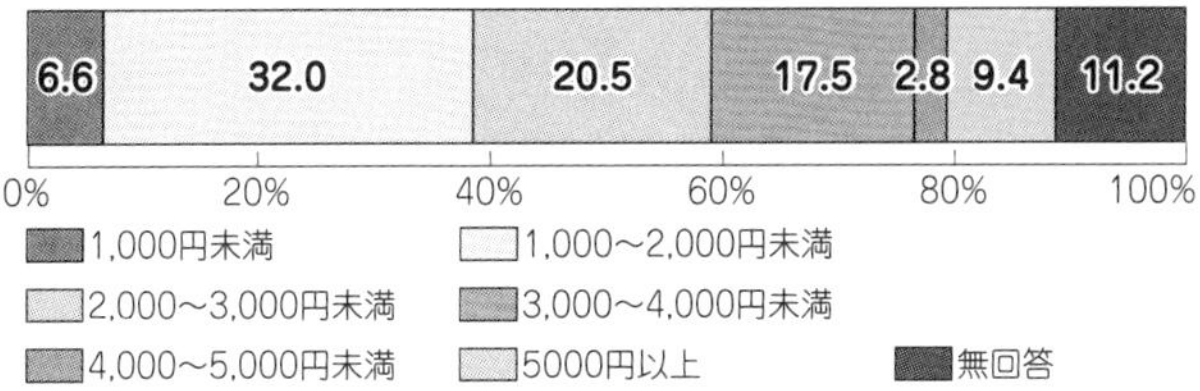

最頻値	平均値	中央値
1,000円	2,536円	2,000円

＊金融広報中央委員会「知るぽると」内「子どものくらしとお金に関する調査」（第3回：2015年）より

ようか。たとえば、部活で遅くなった際にパンを購入する分が入っている、ノートなどの学用品を、子どもに購入させている場合もあるでしょう。また、中学生がおこづかいをもらう際、74・2%が何の前提条件なしにもらっています。家の仕事をすることが14・9%、良い成績をとることが約6%となっています。

わが家のおこづかいの範囲は、あくまでも子どもの趣味だけなので1000円としています。そのほか、お手伝いなどに応じて、別途渡しています。定額と労働収入による「ハイブリッド型」ともいえるでしょう。

さらにテストでいい点をとったら、臨時ボーナスを渡しています。総額では月平均で1500円程度になっています。

いまのうちから“やりくり上手”にする

「欲しいものが多くて、お金が足りない。銀行からおろそうかな？」

「お金って、あればあるだけ使いたくなるから、やめたほうがいいよ」

「じゃあ、おこづかいを前借りしたい」

「それはもっとダメ。借りてその場をしのぐと何とかなった気になるけど、根本《こんぽん》的な解決になってない」

「根本的な解決って？」

「限りある『おこづかい』のなかで、優先順位をつけて、上手にお金を使うこと」

「難しいなあ、どうしたらいいの？」

「お金のやりくりは時間のやりくりと似てるよ。1日は24時間でしょ。その24時間を寝る時間、食べる時間、勉強する時間、お風呂やトイレ、身じたくする時間など、絶対に確保しなくてはいけない時間にあてて、残っている時間で好きなことをする」

「毎日、やることがたくさんありすぎて、残っている時間なんてないよ。朝なんかバタバタだよ」

「時間割をつくってみるといいよ」

「時間割？」

「たとえば、朝は7時に起きて8時に自宅を出るでしょ。1時間あるけど、ギリギリまでノンビリしていない？」

「まだ時間があるからいいやって、ぼーっとしているうちに、時間がすぎてる（笑）」

「まさに時間の浪費《ろうひ》だよ。もったいないよね。起きてすぐ3分で顔を洗う、15分で食事をして食器を下げる、そして身じたくを12分で終えるなど、時間に区切りをつけて、時間内に実行できないか、工夫してみる。そうすると30分間の時間が生まれて、有効活用できるよ」

「お金も同じってこと？」

「そう、なんとなく使ってしまう前に、どうしても欲しいものに使う分を確保する。残りを何に使うか、あらかじめ決めておくと、それほどでもないものにお金を使って、足りなくなることが防げるよ」

【子どもに学んでほしい点は…】

お金も時間も限りがあるもの。「なんとなく」という使い方は、とってももったいないよ。もしも、いま足りないなら、何にいくら使っているか記録してみよう。「おこづかい帳」をつけることがおすすめ。面倒なら、スマホの「おこづかいアプリ」を利用してみよう。何にいくら使ったかを振り返ると、「これはムダな使い方したな」と思うものを見つけたり、何に使ったかわからない「使途《しと》不明金」を発見できるかも。

こういったお金の失敗をくり返さないようにして、やりくりをマスターしていこう。お金の使い方に自信がないなら、買い物する前に「これは後悔しない使い方かな？」とちょっと立ち止まって考えるクセをつけるといいよ。

【おうちの方へ、アドバイス…】

子どもがお金のやりくりに悩んでいたら、具体的なアドバイスをしてあげましょう。おこづかいが足りない状況になったときが、会話のチャンスです。

「ダメじゃない」とか「計画性がないからよ」と最初に否定の言葉を投げかけてしまうと、ここで会話が終了してしまうので気をつけてください。

とくに思春期は大人のいうことに、素直に耳を傾《かたむ》けてくれないことが多いのではないでしょうか。「こうしなさい」など、命令口調では反発を招くだけなので「こんなふうに考えてみたら、うまくいくかもね」というスタンスでアドバイスしましょう。

大人も、1円単位とまではいいませんが、何にいくら使っているかは把握《はあく》できるようにしておきましょう。わが家は家計簿アプリを使用しています。「マネーフォワードME」という、金融機関と連携して自動的に家計の収支が記録されるアプリです。

自動連携が嫌だなと感じる方や、連携作業が面倒だなと感じる方は、シンプルに収支を自分で入力して記録するタイプのものがおすすめです。家計簿アプリ、おこづかいアプリもさまざまな種類が出ているので、続けられそうなものを選んでみましょう。

ちなみに「おこづかい帳」をつけている子どもは、約2割だそうです（金融広報中央委員会による2015年の調査）。いい習慣が身について、大人になっても家計簿が続けられる人になれるかも。自分で収支を把握できる子になってくれるとうれしいですね。

お年玉はいつ、どう使うのが正解?!

「今年は年末年始に帰省しないから、お年玉集まらないだろうなぁ」

「そうだね」

「少し多くもらいたいんだけど、ダメ？　札幌のおじさん・おばさんの分と、札幌のばあちゃんの分が減っちゃうから」

「う〜ん。そもそもお年玉は、必ずもらえるものじゃないからね」

「なぜ、もらえるの？」

「お年玉の由来はね、年末にお正月の神様である『歳神様《としがみさま》』にお供《そな》えした鏡餅《かがみもち》を、家長《かちょう》、つまり一家の主人が、お供えが終わったときに切り分けて、家族や使用人に渡したことみたいだよ」

「お餅だったってこと？」

「そう、諸説あるけど、餅を配る風習がいつのまにか、目上の人の所に目下の人が年始の挨拶に来たときに、ポチ袋に現金を入れて渡すようになったみたい」

「そうか、年始の挨拶に来た人に渡す……」

「だから何の理由もなしに増額するのは、ちょっとね……」

「お願い！　どうしたらいい？　何かする？」

「じゃあ、年越しに欠かせない、大掃除をするのは、どう？」

「大掃除か～。でもふだんから掃除してるし、年末だからってする必要あるの？」

「大掃除には、年末に家をキレイにして、気持ちよく新年を迎えるだけじゃなくて、自宅をすすはらいして、歳神様を自宅にお迎えするためでもあるんだよ」

「へえ、やっぱり歳神様なんだね。わかった。何するといい？」

「玄関掃除はどう？」

「寒いな～」

「その分、お年玉はずむから」

「どうやってするの？」

「靴箱から靴を出して、外に干すの。ほこりをほうきで掃《は》きだしてから、靴箱のなかを固く絞った雑巾《ぞうきん》で拭《ふ》き掃除してほしいな」

「了解～」

【子どもに学んでほしい点は…】

お年玉は1年に1回のお楽しみ！　祖父母や親戚のおじさん・おばさんに新年の挨拶をして、かわいいポチ袋をもらうとうきうきするよね。キチンとお礼をいって受けとりましょう。

そのときに気をつけてほしいのは、その場で開けて、金額を確かめないこと。いきなり目の前で開けるのはマナー違反だから、あとでゆっくり確認してね。親に預かってもらう人もいるけど、中学生になったら、自分で管理する人もいるよね。その場合でも、親に金額をちゃんと伝えておこう。

【おうちの方へ、アドバイス…】

中学生のお年玉、どうしていますか？

子どもたちは、毎月のおこづかいの金額と比べて、はるかに大きな金額を受けとれるお年玉を、早くから楽しみにしています。おおよそもらえる金額を計算して、日々のおこづかいをやりくりしています。親としては、子どもにいくら渡すか、そしてどう管理させるか悩みますよね。

金額に関しては、全国アンケート（金融広報中央委員会による2015年の調査）の結果が参考になります。お年玉をもらった相手は「祖父母、親戚、親」の順になっています。受けとった総額は、中学生では、「1万円～5万円未満」がもっとも多く、6割強です。5万円～7万円未満と答えた人も約1割います。

ちなみにわが家は、両親から1万円、同居の祖母から1万円。実家に帰省したときには、親戚から5000円、母方の祖母から1万円。総額では3万5000円ですが、帰省しない年は2万円となってしまい、買いたいものが買えずに困っていました。今回はあらためてお年玉の由来を伝え、大掃除をすることで、臨時でお年玉を増やしてあげることにしました。

また、「もらったお年玉の取り扱い」は、小学生のうちは「家の人に渡す」「貯蓄する」が圧倒的に多いですが、中学生になると「おこづかいでたりないものを買う」が1位、つぎに貯蓄となっています。「特別なものを買う」と答えた人も2割程度（複数回答）いました。お年玉をもらう前に、事前にルールを決めておきましょう。

わが家は、小学生のうちは親が預かって、銀行に預金していました。中学生からはすべ

お年玉をもらったら、どうしている?

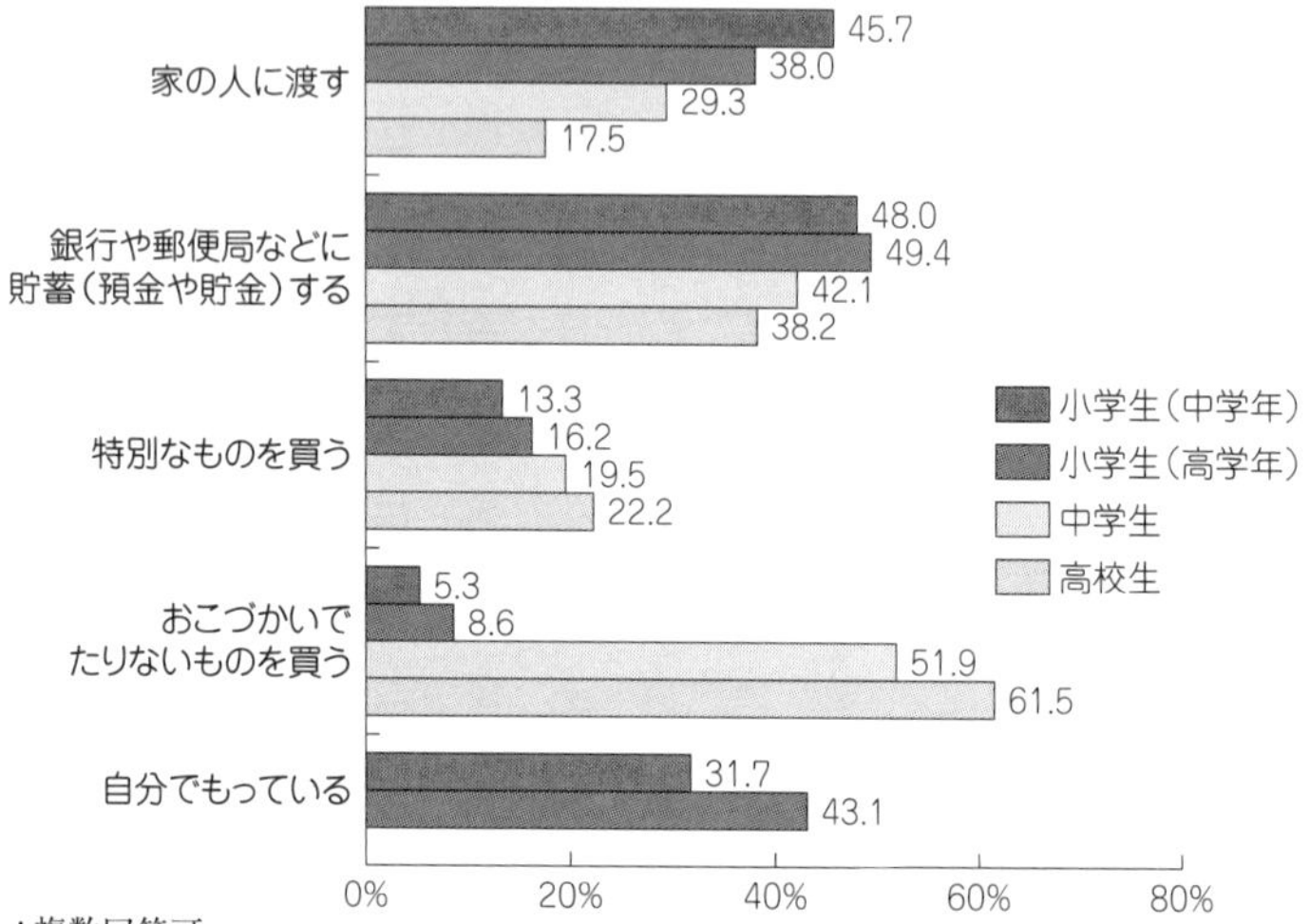

*複数回答可
*金融広報中央委員会「知るぽると」内「子どものくらしとお金に関する調査」(第3回:2015年)より

て子どもが管理しています。一部を預金し、一部を自分の机に封筒に入れておき、毎月のおこづかいで足りないものを買うときに、封筒から出して使っています。

そして、親から見たらムダづかいに見えるようなものを買っていても、なるべく口を出さないようにして様子を見ています。

あとから欲しいものができたときに後悔するかもしれませんが、お金の使い方は、失敗から学ぶことも多いはず。逆にお年玉を全額貯金してしまうと、使い方を学ぶ機会が失われてしまうのではないでしょうか。

電気・ガス・水道の料金を知ってもらう

「電気代とガス代がスゴいことになってる！」

「スゴいこと？」

「うん、両方で３万円。冬はかかるね」

「うわ～、この前買った私の自転車くらいだ」

「燃料価格が上がってるからね。日本はエネルギーの９割を輸入に頼っているから、値段が上がると、いつもと同じ生活をしていても、支出は増える一方……」

「物価が上がるなんて、私知らなかった」

「気がついたら、自動販売機のジュースも１００円では買えなくなっていたよね」

「そう！　私の大好きな缶の甘酒も１本１００円だったのに、１２０円になってた！」

「甘酒はガマンできるけど、電気・ガス・水道は、生きていくうえで必要だから。でも、使い方を工夫すれば、減らすことが可能だよ」

「ママ、よく、電気つけっぱなし！　って怒ってる」

「金額にするとそれほどでもないけど、使わない電気をつけているのは、お金を捨てている状態だから。徹底的にムダなコストをなくすマインドが大事」

「マインドですか〜」

「ちなみに、この部屋のLEDシーリングライトの1時間あたりの消費電力は約34W。1kWh（1000Wの電力を1時間使った金額）あたりの電気代を30円だとすると、1時間で34W÷1000×30円＝1・02円」

「1時間つけっぱなしで、1円を捨てているイメージだね」

「そう、1円を笑うものは1円に泣くってこと」

「そうだね、電気もタダじゃないから、必要ないときは消すことにするよ」

【子どもに学んでほしい点は…】

モノを買うときには、目の前でお金を支払うので、お金がかかっていることを意識することができるけど、毎日の生活で使っている電気やガス、水道は意識しないと、お金がかかっていることを忘れがち。

でも、目に見えないサービスにもお金がかかっています。電気・ガス・水道など生活・生存に不可欠なライフラインなのに、ふだんは適当な使い方をしていないかな？　水を出しっぱなしにしたままで歯磨きしたり、シャワーを浴びたままシャンプーしたりとか……。クセになっているなら、コストを意識して、悪い習慣を直していこう。

【おうちの方へ、アドバイス…】

節電や節水を子どもに呼びかけても、なかなか協力してもらえないのではないでしょうか？　「水の出しっぱなしはダメだよ」と禁止するだけでは、効果は薄いように感じます。わが家では、電気やガス、水はタダではないこと、生活費が上昇して、家計への影響が大きくなっており、コストを意識してほしいと理由を話しています。

そして、大人も率先して、省エネルギーの行動をとりましょう。ぜひ活用してほしいのが「料金の明細書」です。最近ではペーパーレス化が進み、紙ではもらえないことが多くなっていますが、電力会社のホームページ上では、グラフなどで使用量が「見える化」されています。前年同月比や、同じ人数の世帯との比較もできます。家族で料金とデータを見ながら、節電に励んでみてはいかがでしょうか。

また、電気料金は「基本料金」と「電力の使用量に応じた料金」で決まります（別途、燃料調整額、再生エネルギー賦課金も負担あり）。使用量を減らす方法以外に、契約アンペアを変更することで、基本料金を下げて電気料金を下げる方法もありますが、契約アンペアの変更はブレーカーが落ちるリスクがあるため、慎重に検討しましょう。

さらに、わが家では、ガスと電気のセットで申し込む「セット割」も利用しています。アンペアの変更利用とセットによる割引は、一度見直すだけで継続的に効果があります。

親の収入について どこまで話す？

～病院の会計・受付にて～

係の人「お子様の医療証のご提示はありませんか？」

「子の医療証はありません」

係の人「わかりました。では、健康保険の窓口負担割合の3割で計算します」

「お願いします」

～自宅に戻って～

「なぜ、私の医療証がないの？」

「子どもの医療費助成制度には、年収の制限があるの。パパの年収が市で決めた年収制限よりも上だから医療証がもらえないの。東京都内のほかの自治体は、年収制限がないところもあるけど、残念ながら、うちの市には年収制限があって……」

「そうなんだ。住んでいる場所で違うんだ」

「医療費助成以外でも、自治体でさまざまな違いがあるよ。うちの市は保育園の待機児童もかなり多かったから、入れなかった。だから住む場所を決めるときには、自治体の行政サービスの内容を比較したほうがいいよ」

「へえ、そうなんだ。ところで、うちは収入高いの？」

「うちは子どもが生まれるのが遅かったでしょ。だからいま50代、人生のなかでも比較的収入が高くなる時期なの」

「ふーん。で、いまのパパの収入はどのくらいなの？」

「手取り収入といって、実際に銀行の口座に入ってくる金額は月に○万円ちょっと。あとは

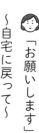

ボーナスとして夏と冬にまとまった金額をもらっているよ」

「手取り収入？　給与がそのまま入ってこないの？」

「給与から、税金と社会保険料を払う必要があるの」

「税金は学校で習った。いろんな公共施設をつくったりするのに必要なんだよね。じゃあ、社会保険料は何？」

「年金や健康保険、それと雇用保険とかかな。年金はお年寄りになったら生活費として受けとるお金。健康保険は、さっき病院で使ったよね。医療を受けるために必要なもの。そして雇用保険は、失業したときなどに、お金をもらえるもの」

「給与は全部もらえるワケじゃないんだね。で、うちは月〇万円で生活できるの？」

「うん。すごく余裕があるというほどではないけど、足りない状態ではないよ。また今度、うちの支出についても話すね」

【子どもに学んでほしい点は…】

親が働いて月にいくらもらっているか、気になる人もいるよね。大人になったら、収入のなかから、家族みんなが生活できるように、住居費や食費、水道や電気代などを支払うよ。働いて得た収入から、まずは税金や社会保険料を負担する。

そして、手取り収入の範囲内で生活していくことが大切。

じつは生活していくのに必要なのは、お金だけではないよ。毎日の食事の支度、部屋のお掃除、洗濯も欠かせないこと。外で働いてお金を稼ぐことは中学生にはできないことだけど、家のなかの仕事は、ぜひとも家族みんなでシェアしてね。

【おうちの方へ、アドバイス…】

子どもに年収を聞かれたら、どう答えますか？

「そんなこと聞くもんじゃない」とか「子どもはお金の心配なんかしなくてもいい」と、頭ごなしに回答を拒否するのは、やめましょう。なぜなら、そういわれた子どもは「お金の話はしてはいけない」「家族でもタブーな話題だ」と勘違《かんちが》いしてしまうかもしれないからです。子どもが中学生くらいになったら、ある程度はオープンにしてもいいのではないでしょうか。

わが家は父親と母親の手取り月収、そして、その範囲内で生活できていることを伝えていいます。実際の生活にはいくら収入が必要なのか、金銭感覚を身につけてほしいとの考えからです。

そして中学生は、税金や社会保険料の負担についても伝えたほうがいい時期だと思います。大人になる前に、簡単ではありますが、給与から負担しなくてはならないお金があること、その理由をおおまかに伝えました。

年収についてくわしく伝えるかどうかは、まだ早いかな？　と思い、ボーナスなど、わりと変動が大きいものの金額は伝えていません。ボーナスが出たら、帰省や旅行、そしてクリスマスプレゼントなどの特別な支出をすることは伝えています。

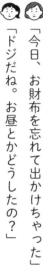

キャッシュレス社会だから こんな現金が大切

「今日、お財布を忘れて出かけちゃった」

「ドジだね。お昼とかどうしたの？」

「スマホのバーコード決済が使えたから助かった。あと、定期入れのポケットにいつも忍《しの》ばせておいた1000円札があった」

「ははは。よかった」

「自宅から徒歩で行ける距離なら、大金をもつ必要はないけど、停電や通信障害が起こると、スマホの決済やクレジットカードが使えなくなっちゃう」

「まさかに備えて、現金も持たないと」

「地震などの天災が起きたり、長時間の停電や、大規模な金融システムの障害などが起こると、現金が必要になるね」

「そうだね」

「ちなみに大災害が起きたときは、日本銀行から『災害時における金融上の特別措置《そち》』が出るから、通帳や印鑑がなくても、一定の金額までは、銀行の窓口で本人の確認がとれたら、お金を引きだすことができるよ」

「自宅に現金はいくら置いておくのがいいの？」

「非常用なら、生活費の1～2週間分くらいかな？　ほかにも冠婚葬祭など急に現金を必要とすることもあるから、10万円くらいはあるといいね」

「10万円も？　泥棒が入ったら困るね」

「自宅用の金庫があるといいね。それと戸じまりはふだんからしっかりね。あと、お札《さつ》だけじゃなく、小銭も。緊急時だから、お店にお釣りがないかもしれないし、公衆電話を使用することもあるし」

「公衆電話？　使ったことないな」

「10円玉か100円玉が使えるから、今度一緒に使ってみよう。緊急用の防災グッズもそうだけど、現金も、ちゃんと家族で置き場所を共有しておかないとね」

【子どもに学んでほしい点は…】

スマホ決済や電子マネーが増えてきましたが、まだまだ現金も必要な場面があります。

自宅から遠くに行く場合は、多少の現金をもちましょう。ただし、ほとんどの場合、学校に現金をもっていく必要はないので、学校のきまりに従ってね。災害時には、現金が必要になることもあります。小銭を災害袋に入れておくといいでしょう。

公衆電話の使い方がわからなかったら、親に教えてもらってください。いざというときのために、登校するまでの道にある公衆電話の場所も確認しておこう。

【おうちの方へ、アドバイス…】

クレジットカードや電子マネー、スマホ決済の普及によって、現金を使う機会が減ってきています。若い人は自宅に現金をあまり置いていないと思いますが、災害や緊急時に多少の現金は必要です。非常用の持ち出し袋には、お札だけではなく、10円玉や１００円玉などの小銭も入れておきましょう。預金通帳や健康保険証の写しも入れておくと便利です。

また、自宅に家庭用の金庫を置いて、現金のほかにも家の権利書、貴金属など大切なものをしまっている方もいます。財産目録をつくっておくのもいいですね。盗難や火災で消失することや紛失を防ぐことができます。もち運びできるタイプ、耐火性がある備え付けのタイプなど用途や好みに合わせて選びましょう。

ちなみに銀行に勤《つと》めていたとき、支店には貸金庫がありました。商売をされている方だけではなく、大切な資産を銀行の貸金庫にしまっている方がたくさんいらっしゃいました。資産家はふだんから防犯や災害時の備えを意識しているなと感心したものです。

お菓子の量が減った！「ステルス値上げ」から学ぶこと

「おやつ、もう食べちゃった〜。何か買ってきて」

「おととい買っておいたクッキーは？　それに食べすぎじゃない？」

「あれも、もう食べちゃった。なんか、いつもより少ない気がするし」

「あー……ステルス値上げか。枚数確認しなかったから気がつかなかったよ」

「ステルス値上げ？」

「ごめんごめん。『ステルス値上げ』はね、値段はそのままで、商品の中身が少なくなるってこと」

「同じパッケージなら、買うときは気がつかないよね」

「原材料や物流コストが上がっているから、仕方がないんだけど。商品を値上げせずに中身を減らすということは、実質値上げと同じことだよ」

「モノの値段って、急に上がったりするんだね」

「いろいろなモノの値段が、いっせいに上がることを物価上昇っていうの。14歳だから、物価上昇は初めてよね」

「小さい頃は値段を意識していないからね。値段が上がれば、おこづかいが足りなくなるから……うん。こっちも値上げだね」

「ふふん、交渉が上手になってきたね」

「切実だからね」

「賃金も上昇したらね」

「そっか。収入が増えないのに、支出が増えたら大変だ」

「頑張って働く！　そして支出を増やさない。家計を防衛しないと」

「でも、おやつは買ってきてよ～。塾に行く前に何か食べないと、おなかが減っては戦《いくさ》はできない(笑)」

【子どもに学んでほしい点は…】

お気に入りのお菓子の量が減ってしまうと、がっかりするよね。でも値段を上げてしまうと売れなくなる可能性があるから、お菓子のメーカーは値段は同じままで、中身を減らして対応しているんだ。そのことを「ステルス値上げ」というよ。原料などのコストが上がったら、その分を価格に上乗《うわの》せしないと、最悪の場合、企業がつぶれてしまう。そうなったらお気に入りのお菓子はもう食べられない……だから、仕方がないことではあるんだよね。

そして、値上げは長引くこともあるから、節約したり、収入を増やす工夫をしないと、貯蓄が減っていってしまうよ。

【おうちの方へ、アドバイス…】

子どもはもちろんのこと、大人の私たちも、長いあいだ、値段が上がらない状態に慣れていて、物価上昇への備え、インフレへの認識が足りていないのかもしれません。日本ではここ20年ほど、モノの値段が上がらなかった代わりに、賃金も上がりませんでした。

そんななか、海外ではすでに物価も賃金も上昇しています。日本は資源も食料も自給率が低い国です。海外から輸入する原料が上がった場合などには、適正な値上げをして、企業の活動が停滞しない方向で、価格を調整することに理解を示すべきではないでしょうか。

「モノの値段が上がることはダメなこと」と捉えず、今後は労働者の賃金を犠牲にしたコストカットはしないことを応援したいですね。
そして、働いて稼ぐ「労働収入」だけではなく、お金にも働いてもらう「運用」も必要な時代になってきます。国内企業への投資とともに海外企業にも目を向けてみましょう。

お金の価値は変わるので寝かせたままにしない

「昔のドラマ見てたら、かけうどんが1杯100円だって！　昭和40年ぐらいのドラマかな？　安かったんだね」

「そうだね、いまは400円ぐらいかな。日本銀行のホームページを見たことがあるけど、昭和40年の1万円は、いまのお金に換算すると約4・5万円（2023年・消費者物価指数で計算）なんだって。4・5倍も違うの」

「昔は1万円あれば相当買えたんだね。そのときに預金した1万円は、いま使おうとしたら、その頃と比較して買えるものが少なくなっているね」

「そうだね。お金の価値は時代とともに変わるの。預けておくだけじゃ、価値が減ってしまうかも」

「価値が減る？」

「モノの値段が上がる、つまり物価が上がると、基本的には賃金も増えるの。でも、預金はほとんど利子がつかないから、物価上昇分だけ目減りするの」

「だったら、いま使ったほうがいいんじゃない？」

「いや、何かあったときのために預金は必要なの。それに3年から5年以内に使う予定があるお金も預金として置いておくといいよ。緊急のためのお金と使う予定があるお金、その分が用意できたら、余裕のお金で投資をするの」

「投資か〜。なんか難しそう」

「18歳未満でも証券口座を開設することはできるよ。ジュニアNISAは2023年末で終了したけど、普通の証券口座で投資できるよ」

「へえ、私名義の証券口座はあるの？」

「うん、ジュニアNISA口座開設と同時につくった。でも、よくわからないうちは、あせらなくていいよ。そのうち、ちゃんと教えるから」

「うん、わかった」

「投資は、運用だけじゃない。自分でいろんなことを学ぶ、教育も投資のうちのひとつ。自分への投資なんだよ」

子どもに学んでほしい点は…

お金の価値は変化することを理解しておこう。「お金は大切なものだから」と、しまいこんだままでは、価値が減ってしまうんだ。もちろん、適当に使っていいワケじゃない。「生きたお金」にするためには、何に使うかをよく考えよう。たとえば、本を買って読む、体力がつく習いごとをするなど、何か自分の成長となることに使うといいかも！

おうちの方へ、アドバイス…

昔のドラマを見ているときに、昔のお金の話が出てきたら、チャンスです。貨幣《かへい》価値の変化について親子で話してみましょう。帰省のときなど機会があ

預金をほったらかしにしておくと…

年0～3%ずつ物価が上昇した場合の1000万円の価値の推移

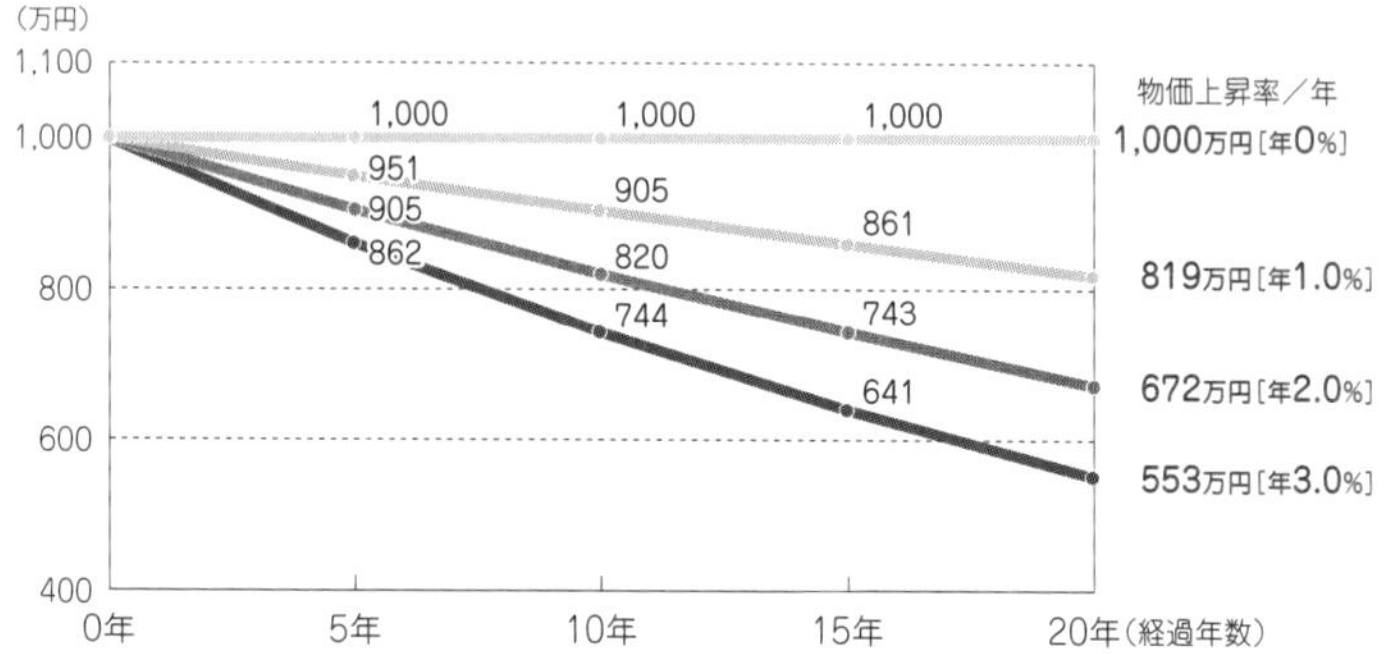

物価上昇率が1%で推移しても、
20年後には価値が181万円目減りする!

＊三菱UFJ銀行ホームページを参考に作成

れば、祖父母から昔のお金の話（苦労話や良かった話）を聞いてみては、いかがでしょうか。

預金したままでほったらかしにしておくと、じわじわと貨幣価値は下がってしまいます。余裕があるなら、お金にも働いてもらいましょう。将来の夢を実現するには、預金だけではなく投資が必要なこと、投資には「自分への投資」と「株式や債券」などの「金融投資」があることを子どもに伝えましょう。実際に親が「何に投資しているか」を話すのもよいですよ。

もしも大人も投資未経験だったら、一緒に投資の基本から学んでみてはいかがでしょう。

なぜ、代金を払うのか？「経済」との出会い

「えー、マクドナルド値上げか」

「マック大好きだから、値上げのニュースは気になるよね」

「ビッグマックが、４５０円から４８０円だって！」

「値上げは切実だね。でも世界で比較すると、日本はまだ安いほうなんだよ」

「そうなの？」

「ビッグマック指数（The Big Mac index）って聞いたことある？」

「ない」

「世界の物価や為替《かわせ》などを比較する際に、よく使われる経済ニュースのネタのようなもので、イギリスの経済誌が毎年発表している」

「ふーん。たしかに世界中にマクドナルドがあるから比較しやすいね」

「そう、たとえばマクドナルド発祥《はっしょう》の国、アメリカではビッグマックが５・５８ドル（２０２３年）。もしも１ドル１４０円だったら７８１・２円、１ドル１００円だとしても５５８円」

「えー！　1個で500円超えるの？」

「ハンバーガー1個には、原材料の費用、お店でつくる人と売る人の賃金、お店の家賃や光熱費もかかるからね」

「チーズやパンをつくるには、牛を育てたり、小麦を育てなくてはいけないから……」

「そのお礼として、適切なお金を払って、感謝を表すわけ。もちろん安いほうがいいんだけど、売るほうの事情も考えないとね」

【子どもに学んでほしい点は…】

少しでも安く買えたら、お得でうれしいよね。でも、売る人にとっては、あまりに安いと、生活するのに困ってしまう。もしも「もうからないから、もうやめた！」と原料をつくるのをやめてしまったら、おいしいハンバーガーが食べられなくなってしまう。

だからお金を払って、その労働に対してお礼を伝えよう。では、その支払うお金は、そもそもどうやってあなたの手元にやってきたのかな？　パパやママが働いて得た賃金から、おこづかいとしてもらったよね。ぜひ、感謝しながら、大事に使ってね。そして、食べき

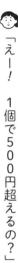

れるだけの量を頼んで、残さずに食べてほしいな。

【おうちの方へ、アドバイス…】

子どもが好きな食べ物で、お金の話をするきっかけをつくってみましょう。ハンバーガーは、とくに話題にしやすいのではないでしょうか。

代金を払うのは、原料をつくる人、お店で調理する人、販売する人に、おいしい食べ物を提供してくれて、ありがとうという感謝の気持ちを示すため、と伝えましょう。労働に対してお金が支払われるということ、そしてお金は世の中を循環して、経済を回していることを実感してもらうことができます。

また、ハンバーガーは世界中で食べられているので、日本と世界の価格差について話すことができます。ぜひともチャレンジしてみてください。

おさがり=リユースは恥ずかしくありません

「それ、私が小学校のときに着てた体育用のトレーナーじゃん！　なんでママが着てるの？」

「もったいないじゃない。まだキレイだし。それに部屋着《へやぎ》だから、おさがりで充分」

「えー、なんかかっこ悪い」

「部屋着には、そんなにお金使いたくないの。でも、仕事用のスーツは、ある程度お金をかけているよ。ちなみにパパは予算10万円くらい」

「え？　高くない？」

「5年くらい着るし、仕事上、大事な商談や会議に出席するから必要なの。着るものすべてにお金をかけられないでしょ。メリハリある使い方が大切」

「でも、おさがりはちょっと……」

「ママの成人式のときは、おさがりの振袖《ふりそで》を着たよ。親戚で一番年長《ねんちょう》の人が買った着物が、順番に回ってきて、喜んで着たよ」

「へぇ〜」

「いま、街なかでも古着のお店をけっこう見かけるよね。ほかに古本や中古のゲーム、中古家具とかも売ってる」

「中古品を活用する『リユース』は学校の技術・家庭科で習ったよ」

「リユースはとても大切な行動だよ。まだ使えるものは捨てずに、最後まで使ってから、新しいものにしようね」

【子どもに学んでほしい点は…】

きょうだいがいる家は、おさがりが珍しくないよね。でも、兄や姉がいる人は「いつも上のきょうだいばかり新品を買ってもらえてずるい」と思っているかも。環境のことを考えると、おさがりは「リユース」といって、とってもいい行動なんです。おさがりだけでなく、ひとつのモノを大切に長く使うことは、持続可能な世界を実現するために、大切なこと。自分にできることを実践してみよう。

ただし、これだけは新品を買ってほしいというモノがあったら、前もって親に主張しておこう。そして新品で買ってもらったものは大切に使おう！

【おうちの方へ、アドバイス…】

私が子どもの頃は、親戚やきょうだいからのおさがりは当たり前でした。小学生のとき、いとこからもらったトレーナーのキャラクターが数年前に流《は》行《や》ったもので、まわりに着ている人がいないため、当時は恥ずかしいし、嫌《いや》だな～なんて思っていました。

おさがりなど、中古のモノを使う意義を知らずに、親からいわれたから、仕方なく使っていたのですが、モノを大切にする行動で、環境にいいことをしていた、と思えるようになったいまでは、いい思い出です。子どもだけでなく、大人も積極的にリユース品を活用してみませんか？

レッスン2

お金の生きた使い方を話そう

スマホの通信費、どう抑えるのが正解？

「もう中学生なんだから、スマホ買ってくれない？　友達はみんな自分のをもってるよ」

「みんながもっているから、じゃ買えないな。中学生がスマホをもつ理由をいえる？」

「スマホが必要な理由はね、子どもだけで出かけるから。友達と駅で待ち合わせするし、塾が終わる時間も遅いし」

「外出時の連絡手段としてスマホが必要ってことね。動画を見たり、長電話でおしゃべりしたりはしない？」

「うん、外で動画とかは見ないし、長い時間おしゃべりしないよ」

「だとしたら、データ量は少なくても大丈夫だね」

「データ量って？」

「データ通信量のこと。ギガバイト（GB）という単位で表すよ。メールやLINEで連絡したり、ネット検索ぐらいなら、1GBか3GBのプランで十分。音楽をダウンロードしたり、動画を見るなら20GB以上やデータ無制限というプランもある。もちろん料金は高くなるけど」

「動画は家でタブレットで見るから、スマホでは見ない。通話も家族と、親しい友達だけだよ。通話のお金もかかるの？」

「もちろん、通話料はかかるよ。たとえば、30秒22円、1回10分まで定額プラン月額○○円とか、かけ放題プラン月額○○円などがあるよ。LINEなどのアプリで通話するなら、データ通信量は消費するけど、通話料はかからないよ」

「アプリで通話？」

「そう、アプリを通じて友達になっている人となら、アプリで話せる」

「じゃあ、通話かけ放題プランはいらない。料金はどこもだいたい同じでしょ？」

「会社によって全然違うよ。たとえば『大手キャリア』と呼ばれる、自分で通信回線をもっている通信会社のスマホの料金は高いの。格安スマホは大手の回線を借りているから、混み合う時間は、通信速度が遅くなる場合があるよ。あと大手の場合は店舗《てんぽ》で、手続きや故障の対応もしてくれるけど、格安の場合は店舗がないから、自分でインターネットで手続きが必要になる」

「メリットとデメリットがあるんだね。高い会社と、安い会社って、どれくらい料金が違うの？」

「３ＧＢで比べると、だいたい月３０００円ぐらい違うよ。セット割引とか、長期利用割引とか、いろんな割引があってわかりにくいけど」

「すごい違うね～。３０００円あったら、カラオケ１回行ける（笑）」

「月３０００円×12か月、１年で３万６０００円。仮に、14歳から84歳までの70年だったら約２５０万円も違う。差額を運用したら、もっと増えるかも」

「ちりつも、だっけ？」

「そう、『ちりも積もれば、山となる』だよ。さすが、ママの口ぐせ、覚えてるね。ウチはサブブランド（大手キャリアの安いブランド）で、パパとママの分のスマホ２台の基本料金と通話料、Wi-Fi、光テレビ、光電話もセットで加入して月額１万円くらいなの」

「できれば、１人１台欲しい……」

「１人で出かけることがあまりないから、妹とふたりで１台で」

「ちぇっ、しょうがないな」

【子どもに学んでほしい点は…】

スマホ代は親が払うのが当たり前、と思っていませんか？　制限なしに使った場合、いくらお金がかかるのか、調べてみましょう。データ無制限のほうがお得？「通話し放題」も本当に必要？　ダラダラおしゃべりする分、時間もお金ももったいないよね。

どうしても最新の機種じゃなければいけない理由は何？　そこにお金をかけるよりも映画を見たり、カラオケしたほうがきっと楽しいよね。

【おうちの方へ、アドバイス…】

子どものスマホ代の中身を把握《はあく》していますか？　よけいなオプションつけていませんか？　オプションに毎月いくら払っていますか？

まず、当たり前のように、分割払いで最新機種を購入するのは、やめましょう。わが家はスマホ１台を双子共有でもたせています。塾など子どもだけで外出するときだけ使用し、ふだんはリビングに置くルール。毎月のスマホ料金はいくらかかるか伝え、必要最低限のものにしています。

パパ、ママ、子ども、3台とも3GB990円（税込）のプランです。通話料は30秒22円（税込）。これにWi-Fiや光通信をセットにしています。

オプションは子どものセキュリティパック（故障対応）のみ。通話はLINEで済ませ、大人は財布のなかにテレホンカードを入れています（いまどきは公衆電話を探すのが大変ですが……）。

ちなみに、日本のスマホ通信料金は月額平均で約3297・1円、1000円以下という人が18・9%。1001円〜2000円という人が13・6%となっています。そして「わからない」と回答した人も19・6%います（総務省「携帯電話の料金等に関する利用者の意識調査」2021年より）。自分のスマホ料金を確認して、コストを意識したいですね。

スマホは一度利用を始めたら、ずっと料金がかかり続けてしまう、固定的な支出の代表選手です。自分や子どもにとって必要なサービスだけを、各社の条件を比較して選択しましょう。

電子マネーを使うならきちんとルールを決めて

「そういえばSuicaの残高《ざんだか》がなくなりそうだから、お金ちょうだい」

「この前、2000円チャージしたばかりのはずだけど」

「夏期講習会に水筒をもっていくのを忘れて、何回かコンビニでペットボトルのジュースを買ったんだよね」

「そうだったの。交通費以外で使ったときは、どこかにメモしてね」

「えー、面倒だな」

「だって、おこづかいは現金で渡してあるでしょ。Suicaのチャージは交通費用で、お買い物用ではないよ」

「塾のとき、財布もたないから。面倒だし、落としたら困るし。Suicaなら何でも買える」

「便利だよね。でも何にいくら使ったか、わからなくなる。だから交通費以外はなるべく使わないようにして。どうしても使ってしまったらメモして、あとから現金で精算《せいさん》。外出時は、ちゃんと財布に現金を入れてもち歩こう。停電したら現金しか使えないよ」

「そうだね、現金なら財布から無くなるから、使ったことが実感できるけど、Suicaだと、ピッ！　ってするだけで買えちゃうから、使ったことをすぐ忘れちゃう」

「中学生のうちは、基本Suicaは交通費、おこづかいは現金で。上手につき合おうね」

【子どもに学んでほしい点は…】

電子マネー等のキャッシュレス決済は小銭いらずで、簡単に支払いできるから便利だよね。もし落としても、現金なら戻ってこない可能性があるけど、キャッシュレス決済は、すぐに「使用停止」すれば、大きな被害は防げるよ。ただし、お金を使ったという感覚があまり感じられないから、使いすぎてしまう危険性もある。親と一緒に使い方を決めて、しっかりルールを守って使おう。

【おうちの方へ、アドバイス…】

キャッシュレス決済は日常生活に欠かせないものになりつつあります。金融経済教育を推進する研究会の調査（2022年）によると、「キャッシュレ

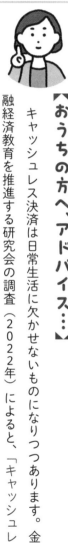

キャッシュレス決済を使用する際の注意点

キャッシュレス決済が使えないケースは？

＊キャッシュレス非対応施設での支払い
＊災害などで停電や通信障害が発生し、決済システムが稼働できないとき
＊決済アプリを登録したスマートフォンが電池切れしたとき
手元にはつねに、少額の現金があるほうが安心！

クレジットカードやカード型電子マネーの紛失・盗難時は？

カード会社などに電話で届け出ると、カードの利用停止や再発行を行なうことができる

決済アプリなどを登録したスマホの紛失・盗難時は？

決済アプリなどの事業者に電話で届け出ると、アプリを利用停止できる。スマホの画面ロック機能をつねに有効にしておくことも第三者の悪用を防ぐためには大事

ス決済を利用している」と回答した中学3年生は6割強。そのうち一番利用されているのは「交通系電子マネー（SuicaやPASMO等）」で49・2％、2番目は「QRコード決済・バーコード決済（PayPay、auPAY等）」で21・6％でした。

中学生のうちは、チャージした以上のお金を使うことはできませんが、大人になるとクレジットカードをもつことになります。クレジットカードは後払いであるため、支払い能力以上に買い物をしてしまい、期日までにお金を用意できないという失敗をする可能性があります。

電子マネーは使用履歴を確認できるので、使い方に不安がある場合は、親子で確認することがおすすめです。中学生の時期に、キャッシュレス決済の使い方をしっかり学んでおきましょう。

ゲームの課金がやめられない…どうする？

「友達がゲーム課金《かきん》で驚くような金額になったみたい。どうしてかな？　どうすればいい？」

「スマホをもつようになると、ゲームアプリを無料でダウンロードして、ゲームができるけど、有利に戦うには、有料のアイテムなどを買う必要があるんだってね」

「お金を払って、アイテムを買うことを『課金』っていうらしい……」

「そう、その場で現金を払う必要がないから、お金を使っているという感覚がないし、ゲームで熱くなっているから、つい購入ボタンを押しちゃう……」

「きゃー」

「課金できないように設定すると防げるよ。たとえば、子どものスマホはキャリア決済ができないようにする」

「キャリア決済？」

「『電話代合算《がっさん》支払い』ともいって、毎月の電話代と一緒にサービスの利用料が請求されるの。それを停止すると課金できない」

「なるほど」

「もっと怖いのは、子どものアカウントでクレジットカード情報を登録して決済したとするでしょ。その情報が残っているままだと、親が知らないうちに、子どもが利用できてしまうの。だから、私は面倒でも子どものスマホに入力したクレジットカードの情報は1回1回削除《さくじょ》してる。スマホの設定で課金できないようにすることもできるし」

「でも、一切課金しないのは、ちょっとかわいそう」

「たとえば、親と相談して、毎月のおこづかいのなかから月に500円までと決めて、課金したときは、記録を残しておくなどルールを決めないとね」

【子どもに学んでほしい点は…】

スマホにゲームのアプリをダウンロードして遊ぶうちに、のめりこんでしまい、課金をくり返してしまうというお金の失敗は、じつは大人でもしてしまいます。

ゲームをダウンロードしたり、通常のプレイ自体は無料であるため、始める際にはお金はかからないのですが、「タダより高いものはない」というお金のことわざを思いだしてみましょう。

【おうちの方へ、アドバイス…】

子どものゲームの課金で高額請求されたケースが数多く報告されています。子どもが大きな失敗をしてしまわないよう、大人が事前に課金ができないようにするなど予防をしておくことが大事です。または始める前に、おこづかいの範囲内などのルールを決めておきましょう。

もしも、多額の請求が来てしまって困っている場合は消費生活センター等にご相談ください。消費者ホットライン「188」など、電話相談の窓口もあります。

サブスクやチケットの購入。誰がオンライン決済する？

「推《お》しのイベントのチケットを購入したい。それと月額制のサービスも利用したいの。どち

らもクレジットカードで支払いが必要なの。おねがい！」

「推しって誰？　イベントってどこで？　自分たちだけで行けるの？」

「YouTubeで活動しているゲームの実況をしているグループだよ。今度、所沢《ところざわ》でイベントをするの。会費を払ってメンバーになると先行でチケットが買えるの」

「え？　あのいつも見ているYouTubeの？　すごいね、会場にファンを集めてイベントするの？　月額制のサービスは月にいくらかかるの？」

「月に490円だよ。チケットの先行販売のほかに、限定動画を見ることができるみたい」

「もちろん、自分のおこづかいから出すならいいよ。支払うだけのお金は手元にある？」

「あるよ。お年玉の一部を取っておいたから。チケット代は1回4000円、昼と夜の2回とも行きたいから8000円。システム利用料も合わせると、9100円かかるみたい」

「推しのためにちゃんと調べてるね。ちなみに、月額サービスは、利用しない月があっても、自動的に毎月支払いが発生するよ。いま、おこづかいは毎月1000円渡しているけど、小物や、外出時に使っているよね。チケット買ったら、ほかに欲しいものを購入することもできなくなるかも」

「妹と半分にするから。それにほかのことを少しガマンする」

「ママのクレジットカードで支払うけど、クレジットカードは『魔法のカード』ではなく、信用にもとづいて代金をあとから払うものだから、その分はちゃんと毎月おこづかいから現金で払う。約束だよ」

「うん、わかった！　ありがとう」

子どもに学んでほしい点は…

「クレジットカードで支払いを」という画面が出たら、当然、親にお願いすることになるよね。

でも、ママのいう通り、クレジットカードは魔法のようにお金が出てくるカードではなく、代金をあとから払うもの。

その点を忘れてしまうと、大人になってから自分で使うときに大変な思いをすることになる！　なぜ、クレジットカードを使う必要があるのか、そして何に使いたいのかを、きちんと説明し、親に納得してもらったうえで使うことをいまのうちに身につけておこう。

【おうちの方へ、アドバイス…】

最近はオンライン決済が増え、お金を使っている感覚が薄《うす》れています。とくにネットで商品を買う際には現金で決済しないため、注意が必要です。

また、ネットでの買い物は、中学生だけに任せるのはまだ早いように思います。事前に親に相談するよう、子どもに約束させましょう。親は「商品やサービスの内容と価格が適切か」をチェックすること、そして「商品の購入サイトが信頼できるところか」を見極めてあげてください。

ネットでの買い物でクレジットカードを使用する際は、親は「子どもの代理で支払う」というスタンスで。面倒くさがらずに、毎月の料金分を、おこづかいから「現金」で支払ってもらってください。おこづかいから天引《てんび》きする、という方法もあります。

どちらにしても、サービスの利用にはお金がかかっていることを、子どもに意識させましょう。

〝送料無料〟を単純に喜ばない

「あと800円か～」

「何が？」

「インターネットで買う商品の送料が無料になるまでの金額。3000円以上で無料になるみたい」

「欲しいものだけにしたら？　送料を無料にするために、いらないものを買うのはどうなのかな？」

「欲しくないわけではないし、あと800円で無料になるし……」

「いま、合計で2200円でしょ。それだと送料はいくら？」

「410円」

「2200円+410円で2610円。送料を払っても3000円より安く済むじゃない」

「うーん……ぴったり800円で買えるものがないから、1000円のものを買おうとするでしょ」

「1000円のもの？」

「そう、3200円になるから、送料無料で、もうひとつ買える」

「その1000円のものは、どうしても欲しいもの？」

「どうしても、ってほどではないけど、まあまあ欲しい」

「もう1回考えてみて。2610円で欲しいものだけ3個買うのと、3200円で4個買う。その差は590円もあるね」

「1000円のものが590円で買えるから、おトクじゃん」

「金額だけ考えると、そう思えるけど。おすすめは、本当に欲しいものに優先順位をつけて買い物することだよ。お金には限りがあるからね」

「たしかに、おこづかいには限りがある」

「送料は、かかるのが当たり前。荷物を運んでもらうというサービスを受けるのだから。それを、お店がお客さんにもっと買ってほしいという戦略で負担しているだけ」

「そっか……うっかり、お店の戦略にのせられるところだった」

「買い物は大切なお金を出してまで、欲しいかどうか。送料無料になるかどうかではないからね」

【子どもに学んでほしい点は…】

お店は、お客さんにあの手この手で商品を買ってもらおうとします。「送料無料」はとてもお得に感じるサービスですが、そのサービスを利用するために、わざわざ追加で商品を選んでまで買う必要があるのか、ポチッと購入ボタンを押す前によく考えてみよう。

とっても欲しくて買ったものは大切にするけど、送料無料のために、ついでに買ったものは、案外すぐに忘れて、棚《たな》の奥のほうにしまったままになりがち。お店の戦略にのせられないよう気をつけよう。そして配達してもらうということは、本来はお金を払って受けるサービスだということを意識しようね。

【おうちの方へ、アドバイス…】

「送料無料」は消費者の購買意欲を刺激するお店側の営業戦略です。商品を配送してもらうにはお金を払うのが当たり前だと、再認識しましょう。

配送を担当しているドライバーの賃金は送料から支払われます。大量の注文を受けるインターネット通販が、配送料を安く買いたたき、物流部門は疲弊《ひへい》しています。このままではドライバーの担《にな》い手が不足し、日本の便利で快適な物流が維持できなくなってしまいます。

節約も大切なことですが、消費者としてサービスを受けたら対価を払うという責任を果たすことも大切です。子どももやがてひとりの大人として社会を支えていきます。小さなうちから消費者として適切な行動がとれるように説明していきたいですね。

かしこい人の買い物、ガマンしない人の買い物

「のどが渇《かわ》いたから、コンビニに寄ってジュース買いたい！」

「どれにする？　え？　高いな～。１本１４８円もする」

「おいしそ～、よく冷えてる！」

「いろいろな種類があるよね。スーパーの特売なら、同じものでも１本１０８円なんだけ

ど」

「スーパーは駅から遠いし、たくさんのお客さんがいてレジで並ぶから、買うのが面倒。それに棚《たな》にあって、冷えてないことが多いよ。たった40円だし、たまにはいいじゃない」

「コンビニで買うメリットは、つねに新商品があること。冷えていて、レジも近くて、会計もラクだよね。ただ、便利な分、値段は高いよ。駅の自動販売機のジュースも同じ。もしも毎日同じところで、高いほうの買い物を続けたらどうなる？」

「うん、毎日はもったいない。でも、たまのお楽しみなら、いいでしょ」

「そうだね。それでも、できるだけ水筒を持参《じさん》して、ここぞ！　というときに、新商品のちょっと高めのジュースにするとか、どうしてもコンビニを利用しなくてはいけないときにはＰＢのお茶にして安く済ませるなど、メリハリをつけたいね」

「ＰＢって何？」

「プライベートブランドの略だよ。スーパーなど、お店がつくったオリジナル商品で、ベーシックな商品が中心で大手企業が生産するものと比べて安くなっているの。最近はコンビニにも置いているよ。目立たない下段のほうにあることが多いから、探してみて」

【子どもに学んでほしい点は…】

これまで、遠足に行く前に「おやつは500円まで」などと予算を決めて買い物をしたことがあるよね？ 予算を決めて買い物をすることは、節約のためにとても大切なこと。

「新商品だから」「ちょっとのどが渇いたから」と、ガマンせずに欲しいものすべてを購入してしまうと、いまあるお金を使い切って、ほかに欲しいものが出てきたときに買えないことになる。どこで、何を買えば節約につながるかを、よく考えてみて。

【おうちの方へ、アドバイス…】

買い物をするときは、購入する場所や商品を検討するクセをつけてもらいましょう。買い物にはニーズ（必要なもの）とウォンツ（欲しいもの）があります。水分補給は消費ですが、少し高めの飲料をなんとなく買う必要はあるかを考えてもらってください。

ただし、すべての買い物が「消費のみ」では、つまらないですよね。ニーズとウォンツのバランスを考えて支出することで、「買い物名人」になります。自分に必要なモノやサービスを適切に選択できるようになる——それを実現するには、何よりも予算を決めておくことが大切です。

収入と支出ではなく「収入−《マイナス》先取り貯蓄＝使えるお金」をおこづかいの使い方から学んでもらいましょう。

ちょっとお高い商品、後悔しない買い方をする

「腕時計のベルトが壊れたから、買って」

「え？　もう壊れたの？」

「中学入学のときに買ったから、1年半使ったよ」

「そうか、落としたら困るからって、1000円ぐらいのものを買ったよね」

「うん、初めての腕時計だったし、とりあえず時間がわかればいいやと思って」

「結果として、安物《やすもの》買いの銭《ぜに》失いになっちゃったかな？　でも失《な》くすことなく壊れるまで使えたのは良かったね」

「うん、今回は慎重に選ぼうと思う」

「じゃあ予算だけど。1万円ではどう？」

「おお、1万円！　大事にしなくては」

「前回の反省をふまえて、どう選ぼうか？」

「ベルトがしっかりしていて、時間が見やすいことが大切……このステンレス製の腕時計が気に入った！　シンプルだし、文字盤《もじばん》が見やすい。これにするよ」

「了解！　大人な感じだね。ていねいに扱って中学と高校、できたら大学生まで使ってね」

「はーい」

【子どもに学んでほしい点は…】

少し高価なものを使うことに、徐々に慣《な》れていこう。学校にもっていくものは高価すぎないものに。でも、すぐに壊れるものでは困るよね。お買い物するときに何を基準に選ぶかを考えてから、買うようにしよう。初めは失敗することもあるかもしれないけれど、少しずつ「買い物上手」になっていくよ。

【おうちの方へ、アドバイス…】

買い物をするタイミングは「買い物の仕方」を教えるチャンスです。なんとなく買うのではなく、予算と使用目的、そして品質を確認して、賢い商品選択ができるよう、教えてあげましょう。

たとえば、商品の値段の違いを比較して、それぞれのメリットとデメリットを考えて買い物ができるといいですね。会話例で登場した１０００円の腕時計は、中学入学前に近所の大型スーパーマーケットで購入しました。合皮《ごうひ》ベルト、かわいいデザイン、電池式、ノーブランドの中国製でした。新たに購入した商品は１万円、ステンレス製のベルト、飽きないシンプルなデザイン、ソーラー電波時計、有名時計メーカーの中国製になりました。

大人になって給与をもらうようになったら、もっと自分の好みに合った、もう少し高価な時計にしてもいいかもしれませんね。後日、子どもはテレビや雑誌、YouTubeなどで芸能人が高価な腕時計を披露しているのを見て「いいなー」といっていましたが、「まだまだ早い。収入に見合ったものを身につけようね」と話しました。

高価な時計やクルマを買うことを、働くモチベーションにしている人もいます。時計は実用品かアクセサリーか、その人の目的によって購入理由が変わりますが、一般的には、住居や食費などほかの消費支出とのバランスを考えたほうがよいのではないでしょうか。

パソコンを選ぶ。そのスペックが必要なわけは？

～週末の家電量販店～

パパ「これなんかいいんじゃない？」

「うーん、こっちのタッチペンがついているほうがいい。2in1《ツーインワン》のノートパソコンが欲しい」

「何それ？　ツーインワン？」

「タブレットにもなるノートパソコンのこと。みんなもってる」

「でた。みんなもってる（笑）」

「絵を描《か》くのが好きだから、タブレットとしても使えるのが欲しい」

パパ「壊れやすそうに見えるけど」

「大切に使うよ」

パパ「登校時にもち運ぶから、丈夫であることのほうが大事じゃない？」

「でも、こっちは重たいよ。通学カバンがいつも重くなるから、せめてパソコンは軽いほうのがいいな」

パパ「『メモリが8GB、ストレージ256GB』と『メモリが16GB、ストレージが512GB』か」

「軽いし、性能もいいから、こっちがいい」

パパ「でも値段が倍違うよ」

「中学だけじゃなく、高校でも使うから」

パパ「高校に入ったら、高校から指定のパソコンを買うようにいわれるかもしれない」

「そうかもしれないけど……小学生から使っているのは、まだ3年も経っていないけど、安いパソコンだったから立ち上がりは遅いし、重たい」

パパ「パソコンの値段と性能は幅広《はばひろ》くて、悩むな」

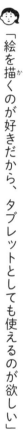

「コロナのときに休校になったでしょ。授業もオンラインになったけど、私のパソコンは映像や音声の調子が悪くて使えなかった。結局、ママのパソコンを借りたんだよ」

パパ「オンライン授業のことを考えると、パソコンは安ければいいというワケではないね。前回は小学生が使うから、値段と壊れにくさで選んだので中途《ちゅうと》半端《はんぱ》な感じになった」

「課題の作成も、動画や作図して提出するようになるみたいだよ」

パパ「勉強で使うものだから、少しいいものにしようか。大切に使うんだよ。高価なものだから、万が一のための保険にも入っておこう。でも、自分で責任をもって使用すること」

「わかった！　ありがとう！」

【子どもに学んでほしい点は…】

すべての要望がかなうワケではないけれど、なぜその商品が必要なのか、伝えることができるといいね。お金を払う側の大人としては、ちゃんと理由が聞きたい。「こんなふうに使うから、このランクのものが欲しい」と、具体的に説明をしよう。

そのためには、買い物に行く前に、商品の性能などを事前調査すること、そして自分の気持ちを整理して、欲しい理由を的確に伝える練習をしておくことが大事だよ。

【おうちの方へ、アドバイス…】

今回は子どもの要求が通った事例として紹介しました。親世代は学校の授業でパソコンを使うことはありませんでしたが、いまやパソコンは必須の時代です。

私もIT機器にくわしいわけではないのですが、苦手にならないよう、ある程度の機能があり、快適に使えるパソコンを買い与えるのがよいようです。

高額なものを買い与えることに不安を感じるかと思いますが、必要に応じて保険に加入するなど対策を講じましょう。

値段が高いモノを購入するときには、なぜそれが必要なのか、子どもにプレゼンさせてみましょう。欲しいものがあれば、しっかりと調べてきます。大人が納得するような理由を話す練習にもなりますよ。

わが家は何にいくら必要？家計の現実を伝える

「最近、食料品値上げのニュースをよく見るようになったよね。この前、スーパーの会計でも1万円超えていたし」

「食料品だけでなく、いろんなモノも値上げになっているよ。電気代やガス代とか。値上げになると、同じような生活をしていても、支出が増えちゃう」

「食料品や光熱費などは、生きていくために必要なお金だから大変だね」

「そうだね。支出には『ニーズ』と『ウォンツ』があるのは、中学校で習ったよね」

「うん、ニーズは生きていくのに必要なもの。ウォンツは欲しいもの」

「そう。収入のなかから、ニーズである食料品を買ったり、電気代や住宅ローンなど必要な支払いをしなくちゃいけない。何も考えずに、欲しいものを買ってしまうと、あとから必要なものが買えなかったり、支払いができなくなって、生活できないよね」

「そうだけど、欲しいものは買ってはダメなの？」

「ダメではないよ。予算を決めておけばいい」

「予算はどうやって決めるの？」

「先に必要なお金がいくらかかりそうか、予算を決める。さらに将来のためにとっておくお金を先に貯蓄《ちょちく》する。先取《さきど》り貯蓄ね。そうして残った分が好きに使えるお金」

「なんだか好きに使えるお金が少なそう……」

「まずは必要なお金を一緒に確認してみよう」

「うちは食費にいくらかかっているの？」

「月12万円くらい」

「それは多いの？　少ないの？」

「多いほうだよ。家族5人分、パパ、ママ、中学生の子ども2人、そしておばあちゃんの食事代で10万円くらいと、パパと子ども2人分のお弁当の食材で2万円くらいかかっているから」

「うちの中学校は給食ないからね」

「家で食べる分は、1人月2万円のイメージだよ」

「ふーん。これ以上値上げにならないといいね」

「ほかに電気、ガス、水道などで月2万7000円、日用品やその他で3万円、通信費で

1万1000円、交通費5000円、理《り》美容《びよう》で1万円、保険料1万3000円、フィットネスやサプリで2万5000円、新聞代や書籍代で1万円、塾代で4万円、ガソリン代で5000円、家族のおこづかいで4万2000円。ざっと22万円くらい」

「食費と合わせると34万円だね。塾代がスゴい……」

「そう。でも、中学3年生はもっとかかる。だから住宅ローンを繰《くり》上《あ》げ返済して、支払いを終えたよ」

「じゃあ、収入からいくら先取り貯蓄するといいの？」

「手取り収入の1割から2割。子どもの教育費が少ない時期は2割ぐらいかな」

「へえ、やっぱり自由に使えるお金なさそう」

「ボーナスのうち、少し取っておいた分で、外食や季節ものの衣服を買ったりしてる。エアコンの買い替えや固定資産税の支払いなど、毎月ではないけど、大きくかかるお金はボーナスか先取り貯蓄した分から払っているよ」

「うーん、お金のやりくりは大変そうだね」

「そうだね。ガマンばかりだと続かないから、おこづかいの範囲で自分の好きなものを買うよ。娯《ご》楽《らく》費を含めたおこづかいは、だいたい手取り収入の1割が目安」

「大人のおこづかい、1人あたり2万円か〜」

「予算を決めておかないとキリがないでしょ。でも、ボーナスが出たら、家電やごほうびに旅行など、高い買い物ができる」

「大人になるの、ヤダな〜」

「好きに使いたかったら、いっぱい稼《かせ》ぐ！　それが解決方法（笑）」

【子どもに学んでほしい点は…】

生活するにはお金を稼ぐことが必要なことはわかるよね。でも、どのくらいの収入があって、何にどのくらい支出するのかは、人によって違うよ。

そして正解はないけど、これだけはやっちゃダメ！　というのが、収入以上にお金を使ってしまうこと。収入と支出、つまり収支のバランスが大事だよ。中学生のうちは、おこづかいで練習しよう。

まずはおこづかいの使い方を、記録してみてね。その記録をもとに予算を立てて、守るように心がけよう。週1回など、決まったタイミングでお金の使い方をふり返ってみると、自分なりに上手なお金の使い方が見つかるよ。

【おうちの方へ、アドバイス…】

子どもに「家族が生活するためには、いくらお金が必要か」を伝えることは、まだ早いのでは？　という意見もあるかと思いますが、私は中学生くらいで伝えたいと考えました。

中学生のいまでも部活や勉強が忙しく、一緒にスーパーに食材を買いに行く機会が減ってきています。高校生になると、さらに親と買い物には行かなくなりそうです。だからこそ、中学生のうちに「何にどれくらいの金額がかかるのか」、そして、「賢い買い物の仕方」をしっかりと身につけてもらおうとしているわけです。

実際に親がお金を使っている現場で、いくらかかっているかをリアルに伝えることで、子どもにダイレクトに伝わります。

使えるお金には限りがあるので、支出は予算を決めて、それを守ることが重要だといつも話しています。

文房具など小モノ、ムダに買いすぎていない？

「冬休みに学校からいろんなものをもち帰ってきたから、机のまわりがすごいことになっているね」

「ははは。美術で描いた絵や技術・家庭科でつくった作品とか、どうする？」

「そうだね。全部とっておきたいけど、しまうスペースも限られているから、飾っておきたいもの以外は、写真に撮ってから捨てようか？」

「ほかにも使い古したノートとか、メモ帳とか、いろいろある」

「えー、何これ？　どうして消しゴムがこんなにあるの？」

「なんとなく……」

「なんとなく、ね……。使い切ってから、つぎのものにしないの？　どの消しゴムも中途半端に使ってばかりじゃない」

「うーん、なんか汚くなったり、よく消えなくなったり、カバーがなくなったり」

「でも、10個もあるって、多すぎじゃや？　ペンも何本？　こんなに必要ないでしょ？」

「反省しています……」

「文房具は親がお金だしてくれるからって、ムダに買ってない？」

「なんか飽《あ》きちゃうんだよね」

「まだ充分使えるものを放置して、新しいものを買ってしまうと、机のまわりが汚くなるだけじゃなくて、お金も逃げてしまうよ」

「こうして並べてみると、もったいないって思うけど、ペンは書けなくなっているものも混ざっているかも」

「そうだね。少しキレイに拭《ふ》いて、使ってみようか。しばらく新しい消しゴムとペンを買うのは禁止だね」

「安くてかわいい文房具を見ると、つい買いたくなっちゃう」

「安いからって、衝動的《しょうどうてき》に買ってしまったら、節約しているつもりで、ムダなお金を使っているのと同じ。長く使えるように、愛着をもって、ていねいに扱うこと」

「そういうママだって、口紅を何本ももってない？」

「あ、痛いところ突《つ》かれた。新しい色が出たら買ってるかも……。モノが増えすぎると、使い方が雑《ざつ》になっちゃうよね」

「いまあるものを充分生かして使うようにするよ」

「そうだね、ママもそうするよ。モノを大切にしてこそ、お金が貯まるんだから」

【子どもに学んでほしい点は…】

買い物はワクワクするよね。香りがついた消しゴムや、好きなキャラクターのペンが欲しくなるのもわかるけど、同じようなモノをすでにもっていないかな？

買い物した瞬間は満足するけど、新しいものを見ると欲しくなる。そんなことをくり返していたら、お金は貯まらないよ。そして使っていないモノに埋もれて、探し物が見つからないなど、時間もムダにしてしまうかも。買う前にいったん落ち着いて考えてみよう。

【おうちの方へ、アドバイス…】

子ども部屋がモノであふれていませんか？　定期的に一緒に整理整頓してみましょう。小学生のうちに自分で持ち物を管理できるようになっているのが理想ですが、わが家は残念ながら中学生のいまでも、部屋や机のまわりが雑然《ざつぜん》としています。

理由はモノが多すぎるから。とくに文房具や小物が子ども部屋のあちらこちらに転《ころ》がっています。おこづかいで買える範囲なので、口をださずに見守りたいところですが、さすがにもったいないので、一緒に反省しながら片付けしています。日頃のムダづかいの習慣をリセットするための儀式のようなイメージです。子どもだけではなく大人も、定期的に見直してみましょう。

使い捨て生活の浪費・ムダに気づこう

「ただいま」

「雨すごかったね。『今日は夕方から、にわか雨に注意』って、朝の天気予報でいってたよ」

「出先《でさき》で雨に降られちゃって、コンビニでビニール傘を700円で買っちゃった。ちゃんと天気予報を見てなかった……」

「ムダづかいだね」

「そうだね。いつもママがうるさくいっているのにね」

「私は中学校の決まりで登下校中は買い物できないから、折りたたみ傘を必ず通学カバンに入れているよ」

「カバンに常備してあると、いざというときに役立つ。折りたたみ傘って、じつはすごい発明だよね」

「どしゃぶりや風が強いときは、使えないけど、たいていの場合はこれで大丈夫」

「見習います(笑)」

「このビニール傘、どうするの？」

「ちゃんと干してから、クルマに予備用の傘として積んでおく」

「傘って濡《ぬ》れたままにしておくと、錆《さ》びちゃうよね」

「手入れしながら大切に使うよ。ビニール傘だってちゃんと使えば、意外と長持ちするかもね。使い捨てにしてしまうのはもったいない」

「よく電車のなかや街なかに置きっぱなしになっているのを見かける」

「放置すると、ゴミになってしまうよね。買ったものは最後まで使うことを考えたいね」

「まずは、折りたたみ傘をもち歩くこと。そしてビニール傘を買った場合には最後まで使い切ることだね」

「その通り！　天気の急変にも備えられる」

【子どもに学んでほしい点は…】

折りたたみ傘をカバンに常備しておくと、余計なお金を使わずに済むね。

節約を意識して、なるべくムダなものにお金を使わないようにすることが大事。もちろん、突然の雨などすべてを避けることはできないけど、事前に予想できるものは、カバンに常備しておこう。

常備しておくと便利なものに、買い物の際に使うエコバッグもあるね。折りたたむタイプのものをカバンに入れておくととても便利。レジ袋は1枚5円程度、仮にエコバッグが500円程度のものだとしたら、100回使わないと元が取れないから、もち歩くより毎回買ったほうがいいと思うかもしれないけど、ちょっと考えてみて。ビニール袋はそのあと、どうなる？　ゴミとなって捨てることになるよね。環境のためにもエコバッグのほうがよい選択になるかも。そして、ゴミを捨てるにもお金がかかることも覚えておこう。

【おうちの方へ、アドバイス…】

折りたたみ傘やエコバッグをカバンに常備することは、大人でも実行している人としていない人がいます。

細かいことですが、どちらのタイプがお金を貯めることができるか、というと、もちろん実行する人です。予期せぬ出来事は誰にでも起きることですが、備えがあれば出費が防げる。それはケチではなく、りっぱな節約方法です。そしてゴミを増やさないためのエコな行動につながります。

ビニールは便利で安価な素材ですが、なるべく頼らないで済むようにしたいですね。昔の人はビニールが無かったので、風呂敷など何度も使用できるものでモノを包んで運んでいました。

子どもと一緒に、ちょっとした工夫で節約とエコが同時にできることを話し合いながら見つけてみましょう。案外、大人よりも子どものほうが、上手に発見できるかもしれませんよ。

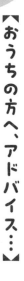

ボーナスは“おまけ収入”と教えよう

「パパのボーナスが出たから、何かおいしいもの食べよう。ママはお寿司《すし》が食べたい」

「いいね。私は天ぷらが食べたい」

「たまに食べるから、おいしいんだよね」

「ボーナスって、ときどき出るの？」

「そうそう、ボーナスは基本年2回、夏と冬に出る会社が多いよ。決まった額が出るわけじゃなくて、会社の業績や個人の成績に応じて、金額が増えたり減ったりする」

「そうなんだ。毎年金額が違うんだ」

「だから毎月の給与の範囲で生活して、ボーナスが出るとわかってから、使う予定を立てているよ。あてにしていて、出なかったら大変だからね」

「ボーナスが出たら、お祝いだ！　何か買って～」

「冬のボーナスで、クリスマスプレゼントやお年玉。夏のボーナスで帰省や家族旅行に行ってるでしょ」

「そうだったんだ」

「1年のなかには、お金が多めに入ってくる月と、多めに出ていく月がある。あらかじめ計画しておかなくちゃ」

「12月はお金がかかりそうだね」

「クリスマスやお正月、帰省や旅行があるからね。12月に使うから、何もない10月や11月の支出を控えめにする。2月は日数が少ない分、12月で予算オーバーした分を取り戻すこともできる。家計もメリハリが大事なの」

「出すときは出す、締《し》めるときは締める」

「そうそう！　予算配分が大事！」

【子どもに学んでほしい点は…】

「本日、公務員の人にボーナスが支給されました」ってニュースで聞くけど、実際にはどんなものか知らないまま、大人になる人が多いんだ。社会人になるまでに、理解しておこう。

また毎月の給与額が多めで、その代わりボーナス（賞与《しょうよ》）は出ない会社もあるよ。その

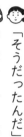

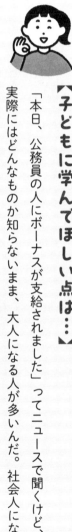

場合は毎月の給与から、お盆の帰省費用やお正月の予算をあらかじめ取っておかないといけないんだ。

大人になったら、生活費として月にいくら必要か、そして毎月ではないけど、ときどきかかる特別な費用（年間特別費）も取っておく必要があるよ。実際に、自分のうちのボーナスの使い道をおうちの人に聞いてみるのもいいかも。

【おうちの方へ、アドバイス…】

家計支出は毎月一定ではなく、月によって増減します。そして収入も、残業代やボーナス分で増減します。家計管理をするうえで、この残業代とボーナスは「おまけ」としておくことがおすすめです。

最初から残業代やボーナスありきで計算した結果、支出を大きくしてしまい、部署の異動などで仕事量が減ったりした結果、すぐに毎月赤字になってしまったという話を家計相談で伺ったことがあります。

子どもにはぜひ、あらかじめボーナス（賞与）など、基本給以外の収入は変化すること

月ごとの基礎的支出・選択的支出の推移（2022年）

月次	金額（円）	
	基礎的支出	選択的支出
1月	173,987	140,371
2月	160,214	125,075
3月	178,870	164,816
4月	165,704	178,422
5月	165,405	149,574
6月	167,946	132,544
7月	172,491	145,084
8月	173,980	148,478
9月	162,742	151,247
10月	167,993	160,691
11月	164,712	143,410
12月	193,800	159,994

＊統計局ホームページ／家計調査より

を伝えてください。そして変化に柔軟《じゅうなん》に対応できるように、収入が増えても支出を増やさないこと。支出を把握し、いざというときに、すぐに減らすことができるものは何かも把握しておきましょう。

また、月の支出も一定ではありません。総務省の家計調査によると、基礎的支出（生活のための支出）は1年のうち、12月が約19万4０００円で1位、次いで3月の約17万9０００円になっています。

もっとも少ない月は2月で、約16万円。12月と2月の差は3万4０００円もあります。

一方、旅行や娯楽、外食といった支出を「選択的支出」と呼びます。「基礎的支出」と「選択的支出」、両方の支出をバランスよく行なって、生活を充実させたいですね。

旅行など、使うときは使う。プランと出費を体験する

「正月旅行、楽しみだね」

「うん、楽しみ！　ふだんは仕事や勉強で忙しくて、家族で揃《そろ》って出かけることも少ないから、正月旅行は少し奮発《ふんぱつ》しよう」

「もう、行き先は決まったの？」

「うん、早割《はやわり》が使えるように、3か月前に2泊3日でホテルは予約してある」

「じゃあ、それ以外は？」

「まだ決めていないよ。何かアイデアある？」

「行きたい所や、やってみたいことはある」

「そうなんだ。じゃあ、予定立ててみる？　場所や移動時間を調べて、かかる金額も調べてプランを提案してくれるとうれしい」

「OK！　せっかくだから、現地のこと調べて、楽しいプランにする」

「まかせたよ」

「お金はどのくらいまでいいの？」

「ふだんは節約に協力してくれているから、せっかくの旅行は予算よりも、やりたいこと優先で決めてもいいよ」

「わかった。事前予約が必要な場合は、応援して」

「了解。プランを決めたら、家族のみんなに説明してね」

【子どもに学んでほしい点は…】

中学生になったら、旅行など特別なときに、何にいくらかかるかを調べてみよう。まずは宿泊、そして移動にもお金がかかるよ。クルマで移動するなら、ガソリン代や高速道路代がかかるし、新幹線などの公共交通機関を利用するなら、チケット代がかかる。飛行機を利用する場合は、同じ日でも利用する時間（フライト時間）によってチケットの金額が変わるよ。

また、ホテルや公共交通機関で早くに予約すると「早割」という割引が使えることもあるから、旅の予定は早めに立てることが、おすすめ。旅行のプランを立てる際、景色を楽しむ「観光」や、現地の特産品を食べたり、おみやげを買うといった「ショッピング」、そ

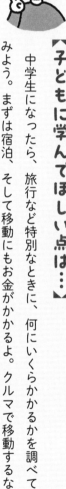

してガラス細工《ざいく》をつくるなどいろいろな「体験」もあるね。すべてを実行するのは、時間や体力、そしてお金も必要なので、優先順位をつけて計画を立ててみよう。

【おうちの方へ、アドバイス…】

旅行の行き先や内容をすべて親が決めてしまうと、子どもは受け身の状態で参加することになります。旅の途中で、子どもがつまらなそうにしていることはありませんか？

子どもは成長とともに、やりたいことが変化します。中学生ならある程度、旅行のプランをまかせてみてはどうでしょうか。

観光協会のサイトや旅行のガイドブックから、自分でしたいことを見つけて計画を立てると、思い出深い旅行となるでしょう。その際、体験の予約時間は、渋滞などを考慮して余裕をもつ、そして体調に考慮して、予定を詰めこみすぎないことなど、親からのアドバイスも忘れずに。

旅行にどれだけお金がかかっているか調べることで、ふだんの節約に協力してくれるようになるかもしれません。お金を使うときは使い、ふだんは節約するといったメリハリあるお金の使い方も学ぶ機会になります。

お金をかければ、旅行が楽しくなるというわけではありませんが、思い出のための出費は出し惜しみしたくないな、と思っています。

レッスン3

稼ぎ方・貯め方・備え方を話そう

将来、何になりたいか？夢をかなえるための学費は？

「学校の作文で『将来の夢』について書くことになった」

「小学生だと、サッカー選手とか、パティシエとか、純粋に自分が好きなことがしたいといえるけど、中学生になると何となく現実も見えてくるでしょ」

「そうだね。でもいまはまだ、どんなことがしたいか、決められない」

「成長とともに夢や希望は変化するから、中学2年の時点で、何がしたいかを正直に書くといいんじゃない？」

「じゃあ、本の編集の仕事かな？　発売日に単行本を買うくらい好きなマンガがある」

「マンガ家じゃなくて、編集者？」

「そう。面白いマンガを出版する会社に入りたい」

「出版社に入るなら、希望する会社の求人サイトや四季報《しきほう》といった、いろんな会社の情報が載《の》っている本を見るといいよ。えーっと……この会社の採用試験に応募するには、４年制の大学を卒業する必要があるね」

「そうだね。まずは勉強や読書かな」

「中学までは義務教育だから授業料はかからないけど、高校と大学は入学金や授業料がかかる。高校と大学に払うお金は、大きなお金が必要だよ」

「うちにはそのお金あるの？」

「国公立の高校と大学なら、合計で４００万円くらいだから大丈夫。もしも高校と大学の両方とも私立だとすると、８００万円くらいになるかも。国の高校授業無償化分は、私立高校で年間約40万円だけど、年収制限があって、うちはもらえないから、少しだけ奨学金《しょうがくきん》を利用してもらうかも」

「奨学金って？」

「学費の支払いが困難なときに、お金をもらったり、借りたりすること」

「もらえる奨学金もあるの？」

「大きくふたつあって、経済的に困っている家で暮らしている学生、または成績がとっても優秀な学生で、特待生などになって大学や専門学校から学費を免除《めんじょ》してもらったり、民間の企業が設立した公益財団に応募して給付してもらう」

「私の場合は、成績が優秀なら対象になるね」

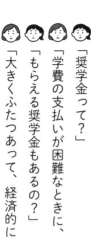

「またはバイトをして学費の一部を稼《かせ》ぐか、奨学金を借りて、卒業後にお金を返す」

「国公立と私立は、学費が2倍も違うんだね」

「親としては、なるべく国公立に進学してほしいな(笑)」

「奨学金を借りなくて済むなら、もうちょっと勉強してみようかな」

【子どもに学んでほしい点は…】

将来何になりたいか、そのためには何を学ばなければいけないか、また必要な資格は何かを調べてみよう。学ぶにはお金も必要だよ。いつ頃、どんなお金がかかるのかを把握《はあく》しよう。自分で稼ぐことができないうちは、両親に学費を出してもらう必要があるから、事前に夢をかなえるために応援してほしいことを伝えておこう。

大学や専門学校に行くお金や、留学するお金が必要な場合は、自分でも奨学金を借りたり、アルバイトして稼ぐことになるかもしれないよ。

返さなくてもいい奨学金も探してみよう。たとえば、国と民間企業が共同で留学費用を支援する「トビタテ！留学JAPAN」など、留学を支援するしくみを利用するという手段もあるよ。

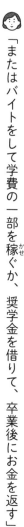

【おうちの方へ、アドバイス…】

将来の進路に限らず、習いごとやいろんな場面で「うちはお金がないから、ガマンしなさい」と子どもにいっていませんか？「ガマンしなさい」だけでは、子どもに家庭の事情は伝わらず、モチベーションが下がったり、欲求を抑えこむようになってしまうかも。

大学で4年間にかかる学費は国公立で約250万円、私立大学は都内の有名大学の例で、文系で約450万円、理系約600万円と高額です。「大学の費用は奨学金を借りてもらうしかない」と考えているなら、早めに子どもに包み隠さずに、「親が用意できるのはこのくらいまで。これ以上は奨学金やアルバイトで協力してほしい」と子どもにも協力をしてほしいことを伝えましょう。

高校生の進路を決める時期に突然伝えるのは、子どもに動揺を与えてしまいますし、小学生には、奨学金の話はまだ理解できないかもしれません。自分の努力しだいで、国公立の高校・大学を実現できる可能性がある中学生の頃が、ちょうどよい時期なのではないでしょうか。

子どもにお金の心配をかけたくないと考える方も、大学進学にはいくらかかっているのかは伝えたほうがいいと思います。専門学校と大学は義務教育ではなく、個人の選択である高等教育です。授業1コマにいくら払っているか知っていれば、簡単に休んだりしないはずです。

生涯に稼ぐ額は2億円…。「働く」について考えよう

「学校のキャリア教育の一環で、仕事をしている人にインタビューすることになった。出版社の人とZoomで話ができるんだ。学校からメールで問い合わせて、アポイントをとったの。20代の女性だって。緊張するな〜」

「へえ、直接インタビューできるの？　進んでるね！　ママの時代はNHKの教育テレビに『はたらくおじさん』という番組があって、それでインタビューを見てた（笑）」

「はたらくおじさんって、おじさん限定なの？（笑）」

「昭和の頃は、女性は結婚とともに仕事を辞める人が多かったの。『寿《ことぶき》退社』なんて言葉も

あったくらい」

「えー、そうなの？　子育てじゃなくて、結婚だけで？」

「うん。そういう時代だったね。もちろん仕事よりも、家をしっかり守りたいという人もいるから、どっちが正解ということはないけど」

「私は仕事を続けたいな。お金のこともあるし」

「保育園も増えたし、職場の理解も進んできたからね。フレックスタイムや時短《じたん》勤務など働き方を柔軟に選べるようになったし」

「女性が働き続ける環境は整ってきたんだね」

「学校を卒業してすぐ就職して、60歳で退職するまでフルタイムの正社員を続けた場合の賃金は、大学卒の場合で男性は約２億４７００万円、女性は約１億９８００万円にもなるんだって」

「おおースゴい！　夫婦でフルタイム正社員で共《とも》稼ぎしたら、４億円！　仕事を続けるために職場に近い都心に住むとか、毎年海外旅行に行けるかも」

「お金を稼ぐと夢が広がるね」

【子どもに学んでほしい点は…】

働いて収入を得ることは、生きていくうえでとても大切なこと。好きなことを仕事にして稼ぐことができたら、最高だね。出産や育児の時期は、少し稼ぐペースが落ちるかもしれないけれど、あせらないで。

君たちの時代は、健康で仕事を続ける意思があれば、70歳くらいまでは働くことができる時代になりそうだよ。すでに、「70歳まで働くチャンスを社員に提供するように努力しよう（就業《しゅうぎょう》機会確保）」という取り組みも進んでいる。

長く働くには、時代の変化に合わせて、新しいスキルの習得など、学び続けることが大事。結婚した場合は夫婦で協力して、家事・育児、仕事や学習時間を確保しよう。

【おうちの方へ、アドバイス…】

学歴や働き方によって、賃金は大きく異なります。高校卒の正社員の場合、生涯賃金は男性約2億円、女性約1・5億円と、大卒よりも男女ともに約

5000万円低くなっています（ユースフル労働統計2023JILPTより）。

正社員と正社員以外（短時間労働者は除く）で月額賃金を比べると、男性は正社員約35万円に対し、正社員以外は約25万円。女性は正社員約28万円に対し、正社員以外は約20万円となっています。正社員のメリットは賃金が高く安定していること。デメリットは残業や転勤、部下を指導するなど責任が重くなっていくことがあげられます。

女性の場合、子育て時期に正社員からパートに転換する人も多く、扶養《ふよう》の範囲内で働きたいという方が多いようです。稼ぐ力を発揮して、もっとお金を稼ぐことができるかもしれないのに、自分で制限をするのは少しもったいないな、とも感じます。いわゆる「扶養の壁」は、夫婦で協力して乗り越えると、老後の年金生活はだいぶラクになります。

教育・住宅・老後。人生の3大支出を知る

「友達の家に遊びに行ったら、びっくりするくらい大きな家だった！　いいなー」

「そうなの？　部屋数はどのくらいあった？」

「いやー、数えられないくらい(笑)、うちの3倍くらいだった」

「ウチは敷地《しきち》面積が30坪《つぼ》（99㎡）弱だからね……」

「ウチは狭《せま》いの？」

「全国平均は建売《たてうり》住宅で敷地面積は136・9㎡、首都圏は116・7㎡（2022年度）だからちょっと狭い」

「なんで、もっと大きい家を買わなかったの？」

「収入に見合った家にしたから。子どもが1歳、ローンを組むパパが41歳だったから、無理なく返せるか、ライフプラン表を作成してから、35年のローンで買った」

「え？　35年ローンって、そのままだとパパ76歳ということだよ」

「住宅ローンの返済が終わる頃には、後期高齢者でしょ。だから老後に苦労しないように、計画的に繰上げ返済できる額に。あと、子ども2人分の教育費は、18歳前後から大金が必要になるので、住宅はムリしないことにしたの」

「住宅ローンは払い終わったから、あとは教育費だね」

「人生の3大支出は『教育・住宅・老後』だから、どれもこれも理想通りに支出することは難しいね」

「友達の家はすごいキレイで広くてうらやましかった」

「そうだね。いっぱい稼ぐと理想をかなえられる。祖父母《そふぼ》からの支援がある人もいるし」

「あーそういえば、代々《だいだい》お医者さんの家だった」

「人と比べないで、自分でできる範囲でお金を計画的に貯《た》めて、使うことを心がけよう。でも、もし子どもがお医者さんになってくれたらいいな」

「子どもをあてにしないで（笑）」

【子どもに学んでほしい点は…】

人生には3つの大きな支出があります。一般的には「教育・住宅・老後」といわれていて、子どもをもたない場合でも、住宅と老後のふたつは必ずかかるよ。大きな支出に対しては、大きな資金が必要になるね。

住宅は買うか借りるか、自分と家族に合うほうを選ぶことになる。買う場合には、一括で買うのは難しいので、多くの人が住宅ローンを組んでいるよ。もしも賃貸《ちんたい》で住み続けると、部屋の広さや住む場所、建物の古さなどで家賃が変わる。どちらにせよ、買っても借りても、住宅にはお金がかかる。

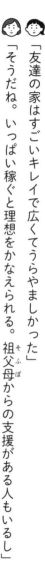

家賃を安くすることだけが正解ではないよ。駅近くの通勤に便利な場所に住めば、家賃はかかるけど通勤時間を減らせるから、仕事や資格取得がはかどって、収入が増やせるかも。だからしっかり自分の考えをもって、住む所を選ぼう。

【おうちの方へ、アドバイス…】

「教育・住宅・老後」には大きなお金がかかります。この3つの支出のバランスについて考えたことはありますか？　時系列で考えると、まずは子どもが生まれて、住んでいる所が狭くなり、家を購入する、または広い賃貸にお引っ越し。さらに子どもの成長とともに、高校・大学や専門学校の学費がかかってくるという順番です。

仮に先に家を購入する場合、購入時は教育費がまだ少ない時期であることが多く、「払えるから大丈夫」と、少し背伸びした住宅ローンを組んでしまう危険性があります。その後、子どもが中学3年生のあたりから、塾代がかさんで、教育費が跳《は》ね上がります。

高校から私立を選択した場合、年間100万円くらい、月にすると8万円ほど。毎月、教育費8万円と住宅ローンを同時に払うことになるため、かなり家計はキツくなります。

住宅ローンの相談にいらっしゃる方には、ＦＰとして、年間返済額が年収の3割を超えるようなローンは組まないほうがいいとお伝えしています。理由は、住宅ローンはいったん始まったら支払う義務を負《お》い、途中で払えなくなると、最悪の場合、住宅を手放さなければならなくなるからです。将来的に子どもの教育にもお金をかけたいなら、住宅はある程度のところにするか、もしくは夫婦ふたりで協力して、年収をアップさせる必要があります。住宅と教育費と老後費用のバランスをよく考えて住宅を購入しましょう。

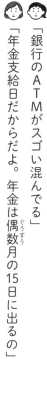

イソップ童話のキリギリスにならないために

「銀行のＡＴＭがスゴい混んでる」

「年金支給日だからだよ。年金は偶数《ぐうすう》月の15日に出るの」

「2か月に1回なんだ！　だからすぐお金をおろしにくるから混むのか」

「あと毎月25日もＡＴＭが混雑するよ。給与日の会社が多いから。給与日は一般に5と10が付く日が多いので、5・10日（ごとうび）を避《さ》けて、銀行を利用するといいよ。あとね、年金や給与が出た日は、スーパーも混雑してる」

「わかる。おこづかいもらった日は、ちょっと気が大きくなって買い物に行きたくなる」

「現金が手元に入ったら、使いたくなるよね。でも、使い切ってしまわないように」

「つぎのおこづかいが出る前に使い切ったら、大変だからね」

「子どものうちは、衣食住《いしょくじゅう》といった必要なものは親が与えてくれるから、生きていけるけど、大人になったら、全部自分でやりくりしないと。年をとって働けなくなると、とっても大変になる」

「老後の収入は年金だけになるの？」

「一般的には、体力がなくなって働けなくなると、若いときのような労働収入は得られなくなる。収入が少なくなったときに備えて、若いうちに対策をしておくといいよ」

「対策って、ママとパパは何してるの？」

「収入のうちから、1割以上を目標に、毎月貯蓄《ちょちく》してるよ。小さいときに読んであげたイソップ童話の『アリとキリギリス』を覚えてる？」

「うん、夏にアリはエサをせっせと蓄《たくわ》えていたけど、キリギリスは遊んでばかりいた。冬が来たときに、アリは蓄えていたものを食べたけど、キリギリスは食べ物に困って、アリに頼みこんで、助けてもらいました」

「人生でたとえると、夏は20代から60代の50年間。冬は70代から90代までの30年間ってところかな。夏の時代に蓄えておかないと、冬の時代に年金だけとなってキリギリスのようにギリギリの生活になる」

「おこづかいが、途中で残金が0円になった月は、とてもハラハラしたな」

「ポイントは『収入の1割は、必ず貯めておく』こと。もちろん、1割以上貯められるなら、それもいいけど、いまも大事。楽しく暮らして、将来に備えることができる範囲で、先取り貯蓄の割合を決めるといいよ」

「たしかに、イソップ童話のアリは、夏にもう少し楽しんだほうがよさそう（笑）」

【子どもに学んでほしい点は…】

人生には夏のように、気候がよくて楽しい時期だけではなく、冬のように寒さが厳しい時期もあるよ。何の準備もしていないと、冬に大変なことになってしまうよね。蓄えがあると心に余裕ができるし、人にもやさしくできる。お金に余裕がないと、人からお金を借りて、返済に困る日々を送ることになるかもしれない。さらにもっとお金に困ったら、人をだましてお金を盗もうとしてしまう。そんな状態になったら、ぜんぜん楽しくないよね。いまの楽しさをキープするためにも、将来の自分のために毎月一定の額を蓄えておくことを継続しよう。

【おうちの方へ、アドバイス…】

子どものうちから老後の話をするのは、少し早い気もしますが、子どもたちが高齢者になる頃の日本は、超高齢化社会となっていて、親として子どもに多少のお金を残してあげるだけでは足りないのでは？　と心配しています。だとしたら、老後のためのお金の貯め方や備え方を早いうちから、子どもに教えてあげることが必要なのではないでしょうか。

私は子どもに3つのことを伝えたいと思っています。収入のうちから1割を先取りで貯蓄に回し、残ったお金で生活できるようにすること。そして貯めたお金で、適切な投資をしてお金に働いてもらうこと。さらに長く稼ぐことができる力を身につけることです。日常会話のなかで、機会を見つけてちょっとずつ伝えていきたいですね。

未来の生活を設計してお金の準備をする

「家を買うときに、なぜライフプラン表をつくったの？　そもそも、ライフプラン表ってどんなもの？」

「家族がかなえたい夢をリストアップして、いつどんなお金が必要かを『見える化』した表だよ」

「夢をかなえるにはお金がかかる」

「そうだね。家を購入するのは、コンビニで肉まん1個買うのとは、金額が全然違うから、決断するまでに、いっぱい考えたよ」

「家を買いたいといいだしたのは誰？」

「ママかな？　でも、パパもいつかは買いたいと思っていたから、ふたりで頭金《あたまきん》はずっと貯めてた。家を建てる前は家賃13万円の賃貸マンションに住んでいたけど、パパが勤《つと》める会社は転勤があるから家賃補助があって、自分の負担は月4万円くらいだったの。その分を貯めておいたのね」

「へえ〜。家賃補助」

「家賃補助は会社の福利《ふくり》厚生《こうせい》だよ。会社によって内容が違うから、就活のときはよく調べてみて。パパが利用した家賃補助は期限があって、転勤してから10年間だった」

「ああ、そうか。だから東京に来てから、10年以内に家を建てようと計画したんだね」

「そう。家を建てる、子どもを大学まで進学させる、自分たちの老後の資金を貯める、この3つを同時にかなえるには、○○年に家を買う、○○年に子どもが大学に進学する、○○年に転職して収入を上げる、○○年に退職する、みたいに『ライフイベント』を表に書きこんで、いくらかかるか見積もりして、お金が足りるか確認してみる」

「なるほど」

「将来にわたって、貯蓄残高《ざんだか》がマイナスにならないように、つまり資金がショートしないように、収入と支出を計画するために書くの。家計簿が現在の家計の収支の現状を知るツールだとしたら、ライフプランは未来の家計がどうなるかを予想するツール」

「未来予想図か〜。その通りになるといいね」

「長い人生では想定外のことも起きるから、毎年見直すくらいがちょうどいいよ」

【子どもに学んでほしい点は…】

生きていくうえで「お金の管理」は必ず必要になるスキル。まずは収支《しゅうし》管理（家計管理）から始めよう。収入に見合った支出をして、黒字を確保して、貯蓄すること。

そして、生活設計といって「自分の理想とする生活を設計する」スキルも必要になるよ。こんな家に住みたい、こんなクルマに乗りたい、子どもにこんな教育を受けさせたいなどを考えて、必要な資金を計画的に準備する力は、大人になるまでに身につけよう。資金を貯める方法は、働いて貯める方法と、貯まった資金を投資して、ゆっくりと増やす方法があるよ。ただし、投資を始める前に、まずは生活資金を貯めることから始めよう。

【おうちの方へ、アドバイス…】

中学生になったら、収支管理だけではなく、将来の生活を設計することの大切さも、徐々《じょじょ》に伝えていきたいですね。

ライフプラン表の例

年	2024	2025	2026	2027	2028	2029	2030	2031	2032	2033
夫の年齢	50	51	52	53	54	55	56	57	58	59
妻の年齢	48	49	50	51	52	53	54	55	56	57
第一子の年齢	13	14	15	16	17	18	19	20	21	22
第二子の年齢	10	11	12	13	14	15	16	17	18	19
ライフイベント	中学入学			高校入学 中学入学			大学入学 高校入学			大学入学
夫の収入	600	600	600	600	600	600	600	600	600	600
妻の収入	300	300	300	300	300	300	300	300	300	300
一時的な収入										
収入合計Ⓐ	900	900	900	900	900	900	900	900	900	900
基本生活費	360	360	360	360	360	360	360	360	360	360
住居関連費	150	150	150	150	150	150	150	150	150	150
教育費(第一子)	50	50	100	100	100	100	200	150	150	150
教育費(第二子)				50	50	100	100	100	100	200
その他の支出	50	50	50	50	50	50	50	50	50	50
一時的な支出				300						
支出合計Ⓑ	610	610	660	1010	710	760	860	810	810	910
年間収支 (Ⓐ−Ⓑ)	290	290	240	−110	190	140	40	90	90	−10
貯蓄残高	500	790	1030	920	1110	1250	1290	1380	1470	1460

2034	2035	2036	2037	2038	2039	2040	2041	2042	2043	2044
60	61	62	63	64	65	66	67	68	69	70
58	59	60	61	62	63	64	65	66	67	68
23	24	25	26	27	28	29	30	31	32	33
20	21	22	23	24	25	26	27	28	29	30
					定年退職 年金開始		定年退職 年金開始			
400	400	400	400	400	200	200	200	200	200	200
300	300	200	200	200	200	200	120	120	120	120
					1500		500			
700	700	600	600	600	1900	400	820	320	320	320
360	360	360	260	260	260	260	260	260	260	260
150	150	150	150	150	150	50	50	50	50	50
150	150	150								
50	50	50	50	50	50	50	50	50	50	50
			300							
710	710	710	760	460	460	360	360	360	360	360
−10	−10	−110	−160	140	1440	40	460	−40	−40	−40
1450	1440	1330	1170	1310	2750	2790	3250	3210	3170	3130

具体的な例を示しながら説明したほうが、子どもの理解も深まります。この家を買うときには夫婦でこんなことを考えて、お金をどのように準備したかなど、親が子に話してあげたいことを、なるべくかみ砕いて伝えましょう。

いまも大切だけど、少し先の未来に実現したいことのためにお金を貯めることは、学校で教科書から学ぶよりも、実際に生活している家庭で、親から生きた教材として、話して伝えるほうが身につくでしょう。

日銀って、何をしている？ 金利と景気の関係を知る

〜日本銀行の総裁が、マイナス金利政策を解除することを決定したニュースを見て〜

「金利って何？」

「元本《がんぽん》に対し、支払う利息の割合を金利というよ。たとえば、金利１％で１００万円を借りたら、１年後に利息は１万円になる。反対に預金の場合は１万円受けとれる」

「マイナス金利って、どういうこと？」

「日本銀行は、金融機関からお金を預かる役割（銀行の銀行）を担《にな》っていて、２０１６年から政策金利をマイナス０・１％にしていたの。つまり、銀行が日銀にお金を預けると損するようにすることで、世の中にお金を回して景気が良くなるようにしていたわけ」

「景気が上向《うわむ》いてきたから、マイナス金利をやめるってこと？」

「そう。物価と賃金がようやく上がってきたからね」

「そうなんだ。金利って、景気に大きな影響を及ぼすんだね」

「物価が上昇しすぎたら、今度は金利を引き上げて、資金を借りにくくして、景気の加熱を

抑え、物価の上昇も抑える」

「なるほど。政策金利の操作って大事な仕事だ」

「では、問題。これから金利が上昇していくと予想したら、お金を借りるとき、変動金利にするか、固定金利にするか、どちらでしょう？」

「お金を借りるわけだから、金利が上がると、利息の支払いが増えて困る。だから、固定金利で借りて、これ以上、金利が上昇しないようにする」

「正解！　住宅ローンなど、借金する人は、これから金利が上昇すると思ったら、固定金利。逆に預金する人は、長期間の定期預金ではなく、短期間の定期預金にして、金利が上がるのを待つのがいいね」

【子どもに学んでほしい点は…】

お札をよく見ると「日本銀行券」と書いてあるね。日本銀行は日本でただひとつの発券《はっけん》銀行。そして物価の安定を目的に「金融政策」を決め、実行する役割を持っている「中央銀行」だよ。

ニュースなどで、日本銀行の総裁の発言が報道されているのを、よく見かけるよね。日本銀行が「金融政策決定会合」で、景気の動向や経済状況を確認しながら、これからの日本の金融市場をどのように調整するか、方針を決めているからだよ。

具体的には世の中に流通する資金の量をコントロールするために、政策金利を決め、国債を市場から買い上げるなどさまざまな手段を講じている。この会議の決定内容によっては、株価や為替に影響が出るから、新聞やテレビのニュースで知っておこう。

【おうちの方へ、アドバイス…】

子どもの世代は、低金利が当たり前の時代に生きています。金利が上がるとどんな影響が出るのか、ピンとこないかもしれません。いまから30年以上前、1990年頃の日本は、定期預金（1年）の金利が、約6％という時代もありました。子どもには金利は一定ではなく、変化するものだということを伝えたいですね。

金利の種類には固定金利と変動金利があります（156ページでくわしく説明します）。将来、住宅ローンやクルマのローンなどを組むときに、どちらを選ぶか、悩むことでしょう。そのとき、ニュースなどは、日本の経済はどのような状況なのか、中央銀行である日銀が、いまどんな方針で調整しているのかを判断するときに重要な情報です。情報を得ることの大切さ、得た情報をもとに自分はどのような選択をすべきかを考えられるようになってほしいですね。
たとえば、金利が上がってくるかもしれない、と自分が想定したときには、借りるお金は固定金利で、預ける（増やす）お金は変動金利で、が基本となります。

クレジットカードの「ポイ活」を実践する

「明日、夕方の塾がないから、近所のファミレスに行きたい」

「家族の外食は、月2回までのお楽しみでしょ。先週も行ったじゃない」

「期間限定のスイーツフェアがあるんだって」

「へえ。期間限定ね」

「行きたい！」

「そういえば、クレジットカードのポイントがある程度、貯まっているかも。ポイントを代金の支払いに使えば、まあいいかな」

「ポイントで支払うの？」

「そう。このクレジットカード会社のポイントは『1ポイントを1円』でネットショップだけでなく、実際のお店の買い物にも使えるの。えーと……2610ポイントある」

「足りる！　春のイチゴと濃厚ショコラパフェが税込み850円。ママと子ども2人だから3個で、2550円！」

「コツコツ貯めたポイントが、一気に消えちゃう。でも、こういうお楽しみに使うのが一番かな」

「そうそう！　ありがとう。楽しみ！」

【子どもに学んでほしい点は…】

多くのクレジットカードでは、利用代金に対してポイントがつくよ。このポイントを景品に交換したり、ポイントをお店での支払いに使うことができるものがある。

カード会社によってポイントの還元率《かんげんりつ》は違っていて、たとえば100円で1ポイントだと、還元率は1％、200円で1ポイントだと0・5％。ポイントを貯めるために買い物してはダメだけど、買い物のついでにポイントも貯まるとうれしいよね。

ポイントを貯めるには、ほかにもお店のポイントカードがあるよ。ドラッグストアや家電量販店《りょうはんてん》などでは、「ポイント還元セール」といって曜日や期間限定で「ポイント2倍」などのセールを実施している。節約や自分へのプチごほうびに使えるから、ぜひ大人になったら活用してみてね。

【おうちの方へ、アドバイス…】

「ポイ活」という言葉を聞いたことがありますか？　日頃、家計相談をしていると、実践している人としていない人がいて、節約上手の人は、積極的に活用していることが多いと感じます。無理のない程度にポイントの活用を日常生活に取り入れてみませんか？

たとえば、利用するドラッグストアはひとつに絞って、「ポイント2倍」の日に洗剤やトイレットペーパーをクレジットカードでまとめ買いすれば、お店のポイントを貯めるのと同時に、クレカポイントを貯めることが可能です。ダブルでポイントを稼ぎ、節約やお楽しみ費として活用しましょう。

クレジットカードは年会費無料よりも、ゴールドカードなど年会費がかかるほうが、ポイント還元率は高くなります。ただし還元率を高くしても、上手に使いこなせなければ年会費分の元がとれません。初心者は年会費無料のカードでチャレンジするのが、おすすめです。

「ふるさと納税」などおトクな制度を活用する

「わあ、おいしそうなホタテ！」

「そうでしょ〜500gもある。これ、いくらしたと思う？」

「そうだな……3000円くらい？」

「いいところだね〜。きっと買ったら、それぐらい。でも、もらったものなの。ふるさと納税の返礼品《へんれいひん》だよ」

「へえ、ふるさと納税か〜。よくテレビや雑誌で、お得な制度って紹介されているよね」

「ふるさと納税は、自分の生まれ故郷《こきょう》や、応援したい自治体に寄附《きふ》できる制度だよ。寄附した分は、あとから所得税や住民税から差し引いてもらえる。ただし2000円の自己負担と確定申告が必要だけど」

「確定申告って、所得を計算して税金を払う作業でしょ。大変そうだね」

「少し手間がかかるけど、その代わり寄附した自治体から、お礼として地元の特産品を送ってもらえる。確定申告が面倒な人は、ワンストップ特例制度を使うといいよ」

「何それ？」

「1年間で寄附できる自治体は5つまで。寄附するたびに、申請書類に住所や氏名、マイナンバーなどを書いて、マイナンバーカードのコピーをセットにして、寄附した自治体に郵送するの」

「なるほど。そのくらいの手間なら、いいかな」

「オンライン申請可の自治体なら、ふるさと納税サイトのアプリから、オンラインでワンストップ申請ができるから、郵送しなくてもいい」

「へえ、すごい。でも自己負担の2000円は毎回かかるの？」

「違うよ。1年間に寄附した総額から、2000円を引いた分が、本来支払うべき税金から引かれるしくみ」

「なるほど。年間の自己負担が2000円までで、いろんな自治体に寄附して、お礼の品を受けとれる。とってもお得だね」

「そう、でも寄附できる金額には上限があるから気をつけないと。収入に応じて寄附できる額が決まっているの。上限額は総務省の『ふるさと納税ポータルサイト』や大手のふるさと納税サイトでシミュレーションできる」

「じゃあ、私もできるの？」

「できるけど、全額自己負担だよ。だって収入がないから、税金も発生しないでしょ。税金がないということは、控除を受けられないってことだから、寄附をして、お礼の品を受けとるだけ」

「自分の好きな自治体に、寄附というかたちを使って、税金を前払いする感じだね」

「そう。納税は国民の義務。基本は住んでいる自治体に払うけど、一部を自分で選んだ自治体に納税する。このホタテの産地《さんち》は、ママが生まれたときに住んでいた町だよ」

「いつか行ってみたいな〜」

【子どもに学んでほしい点は…】

国の制度には、利用するとお得になるものがあるよ。申請しないと利用できないものがほとんどだから、自分で探して、利用方法を調べてみよう。

「ふるさと納税」はお得な制度のうちのひとつ。税金の支払い先を変えることで、お礼の品を受けとれるよ。ほかにも、会社員のスキルアップのための資格取得に使える、国の「教育訓練給付金」や地方自治体が独自に実施する「給付金」や「助成金《じょせいきん》」がある。

たとえば、指定の期間中に市内の自転車店でヘルメットを買ったら補助金が出るなど、内容はさまざまだよ。新聞やテレビ、雑誌や自治体の市報（区・町・村）やホームページ、掲示板などで情報をチェックしてみよう。

【おうちの方へ、アドバイス…】

ふるさと納税の利用者は、すでに約891万人（2023年度）で前年比約1.2倍、ここ数年、右肩上がりに増えています。

「ふるさと納税という言葉は聞いたことはあるが、よくわからないので利用していない」という方はいませんか？　残念ながら「あなたはこの制度が使えますよ」という案内は、来ないことのほうが多く、対象になるかどうかは、自分で調べることが大切です。お得な情報を耳にしたときに「面倒だな」とか、「そのうちに」などと考えて、行動しないのは、もったいないですよ。子どもと一緒に、ふるさと納税で応援する自治体について学ぶ機会にもなります。

ほんの少しのお得や節約でも、「ちりも積もれば」大きな効果となります。そんな親の姿を見ている子どもは、情報を収集して活用することが当たり前のことになるでしょう。

「親が万が一のとき」の保障。親子で話すべきことは？

パパ「定期死亡保険（生命保険）の更新時期だ」

「公的遺族年金や会社からの死亡退職金、そしていまある貯蓄では足りない分は、民間の保険で用意しないとね」

「何なに？　なんの話？」

「パパに万が一のことがあったときに、いくらお金が必要かっていう話」

「大事な話だね。いくら必要か計算するにはどうしたらいいの？」

「出ていくお金は、遺族の生活費と子どもの教育費とお葬式代」

「うちはいくらなの？」

「遺族の生活費は、パパの分を抜くと月30万円×12＝年３６０万円は必要。あと教育費は高校と大学の分、８００万円×２人で１６００万円。お葬式代で２００万円かな。住宅ローンが終わっているから少しラクだね。入ってくるお金は、遺族が働いて得る収入、公的遺族年金、勤《つと》め先からの死亡退職金」

「収入はどうやって計算するの？」

「公的遺族年金は、18歳未満の子どもがいれば、遺族基礎年金がもらえて、子ども２人だから年間約１２５万円。パパは会社員だから遺族厚生年金ももらえる。うちの場合は合算《がっさん》すると年１７０万円くらい。18歳以降、遺族基礎年金がなくなると、年１００万円くらい」

「大学時代の生活が厳しいね」

「遺族の生活費は年３６０万円くらいだそうだけど、ママの収入が年に２００万から２６０万円ぐらい確保できたら、公的年金と合算すると、生活費はなんとかなるね」

「あとは教育費とお葬式代だね」

「死亡退職金は勤続《きんぞく》30年を超えているから、最低でも６００万円はあるかな？　教育費は学資保険で４００万円あるから、合計１０００万円。だからあと８００万円は必要だね」

「８００万円あるの？」

「うん、あるよ。でも、ママの老後のお金や家の修繕費《しゅうぜんひ》の分、そして少し余裕の分として民間の保険を検討するよ。掛け捨て型の定期保険で、大学卒業までの期間だけ、死亡保険金を用意しようと思う」

「掛け捨て型の保険って？」

「保険の期間を決めて、そのあいだだけ死亡保障を確保する保険だよ。期間中に保険金を払うことが起こらなければ、何も受けとれないけど。ちなみに、一生涯の死亡保障をするのが終身《しゅうしん》保険。死亡時には死亡保険金、その前に解約すると解約返戻金《へんれいきん》としてお金が受けとれる。必ずお金が受けとれるから、貯蓄型保険とも呼ばれるよ」

「貯蓄型保険のほうが、お金を確実に受けとれるからいいんじゃないの？」

「その分、保険料が高いの。どちらがいいかは考え方しだい。うちは少ない掛金《かけきん》で、必要な時期だけ保障が欲しいから、掛け捨て型（定期）保険を選んでる。ちなみにママも掛け捨て保険で、死亡時の保険金が４００万円のものに入っているからね」

【子どもに学んでほしい点は…】

パパやママに「もしものことがあったら」なんて考えたくないけど、お金の話は大事なことだから、親子で共有しておこうね。とくに教育費は大きなお金が必要になるよ。国公立の学校と私立の学校ではかかる金額が大きく違う。もしものことがあっても、親は頑張って教育費を確保してくれると思うけど、子どももできるだけ勉強して、国公立に進学できる学力をつけておこう。

【おうちの方へ、アドバイス…】

死亡保険金額を決めるときには、何にいくら必要か見積もりをしてみましょう。そのすべてを保険で用意しなくても大丈夫。

たとえば、遺族基礎年金は子のある配偶者が受けとる場合、約79・5万円＋子の加算（1

「子育て世帯の遺族年金」のおもな内容

	遺族基礎年金	遺族厚生年金
対象者	子どものいる配偶者	妻
		妻死亡時に55歳以上の夫
		子ども
受給期間	子どもが18歳になった年度の3月31日まで	夫死亡時に30歳以上の妻は生涯
		夫は60歳以降生涯
		子どもは18歳になる年度末まで
年受総額	79.5万円+子の加算額(1人約22.9万円※1)	故人の老齢厚生年金(※2)×3/4

(注)故人が老齢基礎年金と老齢厚生年金に加入していた場合。遺族基礎年金の金額は2023年度のもの。年収850万円以上の遺族は支給対象外。※1は子ども2人目まで。3人目以降は1人約7.6万円。※2は報酬比例部分

人目・2人目が1人あたり約22・9万円、3人目以降は約7・6万円。2023年現在)です。仮に子ども2人だと、年間約125万円、月10万円ほど受けとることができます。

これに会社員の場合、遺族厚生年金が上乗せになります。遺族厚生年金は、死亡した人の老齢厚生年金の4分の3の額です。「ねんきん定期便」を確認したり、公的年金シミュレーターを使って、老齢厚生年金の見積もりをして、いくらになるか計算してみましょう。

さらに死亡退職金や預貯金等がある場合は、保険金額(保障額)を少なくできます。そして、子どもの成長とともに必

要な額は減ります。

また、自宅を購入した場合も、団体信用保険で住宅ローンの返済ができるなら、その分は不要となります。何となく不安だからといって、必要以上に用意するのはもったいないですよ。死亡保険は定期的に見直して、そのときの状況にあった金額にしましょう。

レッスン4

お金にひそむリスクを話そう

フィッシングなど お金の詐欺に騙されない

「なんか、変なメールがきた」

「どんな？」

「『お支払いがエラーとなりましたので、自動退会となります』。何だろう？　推《お》しの月額サービスだったらどうしよう。『ＵＲＬをクリックして、カード情報を確認してください』だって」

「待って。見せて」

「これだけど」

「見たことないサービス名だよ。勝手に何かのサービスには加入してないよね」

「してない。推しのYouTubeチャンネルの月額サービス、メンバーシップ（メンシプ）だけだよ」

「じゃあ、これはフィッシングだよ。絶対リンク先をクリックしたらダメ！」

「でも、不安だよ。メンシプ退会したくない」

「そういうときはリンク先から確認するんじゃなく、正規のサイトから確認してみて」

「わかった……あせると正常な判断ができなくなるね」

「クレジットカード情報や個人情報を盗もうとする詐欺《さぎ》だから。リンク先をクリックしたら、成人向けのアダルトサイトにつながって登録完了になった、なんてこともある」

「えー。やだなー」

「有料サイトに登録したと利用者に思わせて、お金を請求してくる『架空請求』の典型的な手口だから。安易《あんい》にリンク先をクリックしないこと。約束だよ」

【子どもに学んでほしい点は…】

よくわからないメールやサイトを見てしまったときは、すぐ大人に相談してね。あせらないことが一番大事。間違いは誰にでもあること。まったく恥ずかしくない。隠しているうちに大事《おおごと》になってしまうかもしれないから、すぐに大人の力を借りて対策するほうがいいよ。

親に心配かけたくないと思わないで。「ごめん。助けて」と正直に打ち明けて頼ってくれるほうが、親としてはとてもありがたいよ。

【おうちの方へ、アドバイス…】

子どもがネット経由の詐欺被害に遭《あ》わないようにするには、あらかじめ詐欺の手口を伝えておくことが大切です。最近の詐欺メールや偽サイトは、一見本物にそっくりにつくられていて、大人でも騙《だま》される可能性が高くなっています。

子どもが間違ってトラブルに巻きこまれたら、うろたえずに毅《き》然《ぜん》と対処しましょう。たとえば、クレジットカード情報を入力してしまった場合は、クレジットカード会社の紛失・盗難窓口に「利用停止」の手続き等が必要です。

金利を敵にまわすと大変なことになる!

「YouTubeでゲームの実況を見ていたら、人気のお笑い芸人さんが、『この会社から初めて借りる方は金利0円』と宣伝していたよ。お金を貸す会社は儲《もう》からないよね?」

「どれどれ……この会社の場合、0円なのは30日間だけだね。30日を超えた分には、金利がかかるから利息を払う。0円は宣伝するため、期限を決めて無料にしているだけね」

「利息って？」

「利息は『借入残高《ざんだか》×借入《かりいれ》利率（金利）÷365日×利用日数』で計算されるよ。あと、金利は前にも話した通り、借りたお金に対して、支払う利息の割合のこと」

「30日以内に返せないと、借金だから、利息を払う必要があるんだね」

「この会社のホームページには『年利18％』って書いてある」

「え？　銀行に預けても、預金金利は年0・02％なのに？」

「金利を敵にまわすと怖いよ。ちなみに、年利18・0％で10万円を借り、30日ごとに1万円ずつ返済する場合、初回の金利無料がない場合だと、利息の総支払額は9158円、この会社の利益になるね」

「その分、自分が損をしているということか……」

「人生では、予定外の出費が続くことがある。そんなときに予備費として預金があると、借りずに済むよね」

「予備費はいくらあればいいの？」

「目安は生活費の半年分以上。自営業といって、会社に勤《つと》めない働き方なら1年分」

「なぜ、会社員のほうが少ないの？」

「基本、失業したときには、雇用保険から手当が出るし、病気で仕事を休んだときには健康保険から手当が出る。どちらも給与の全額ではないけどね」

「社会保険は働き方で加入するものが違うの？」

「そう、自営業は雇用保険に加入しないし、国民健康保険に加入するから、休業手当は出ないよ」

「へぇ。大変だね」

「年金も違うんだ。会社員は国民年金という、20歳から60歳までの国民全員が加入するものに、上乗せで厚生年金にも加入するよ」

「自営業を選んだ場合は、いっぱい稼いで、貯《た》めておかなければならないね」

【子どもに学んでほしい点は…】

将来、もしもお金に困ったら、どうしたらいいと思う？　友達からお金を借りる？　返せなくなったら、友達を失うから、それはやめたほうがいい。親に相談したら、しかられてしまうから、自分で何とかしよう、と考えるかもしれないね。

では、消費者金融《きんゆう》（カードローン）からお金を借りる？

借りてすぐは、ちょっとラクになるかもしれないけど、返済が始まったら、前よりもっとお金が足りなくなるかも。そのとき、さらに違う金融業者からお金を借りることは、絶対に避《さ》けよう。1社が2社になり、さらにつぎの会社に申しこむ……このように複数の金融業者から借りることを「多重債務《たじゅうさいむ》」というよ。こうなると、なかなか借金から抜けだせなくなる。

消費者金融で借りられなくなったからといって、違法な高金利で貸しだす業者（いわゆるヤミ金融）には、絶対に手をださないでね。困ったときには、早めに親に打ち明けて！

【おうちの方へ、アドバイス…】

子どもが多重債務の状態に陥《おちい》らないようにするために、親が子どもにできることは、ふたつあります。ひとつは「借金をしなくて済むように、予備費を蓄《たくわ》えよう」と伝えておくこと。

そして、もうひとつは、お金が足りなくなったら、相談してもらえるような関係をつく

返済計画表

単位:円

回数	返済金額	元金	利息	残高
1	10,000	8,500	1,500	91,500
2	10,000	8,628	1,372	82,872
3	10,000	8,757	1,243	74,115
4	10,000	8,889	1,111	65,226
5	10,000	9,022	978	56,204
6	10,000	9,157	843	47,047
7	10,000	9,295	705	37,752
8	10,000	9,434	566	26,318
9	10,000	9,576	424	18,742
10	10,000	9,719	281	9,023
11	9,158	9,023	135	0
累計	109,158	100,000	9,158	0

年利18%で10万円を借りて、30日ごとに1万円ずつ返済する場合、返済回数は11回で、利息の総額は9158円に!

「利息制限法」の上限金利(年率)

借入金額	上限金利(年率)
10万円未満	20.0%
10万~100万円未満	18.0%
100万円以上	15.0%

っておくことです。「親がなんとかしてくれる」という甘えが常態化してしまうのを防ぐためには、中学生のうちに、親子で足りなくなった理由を考え、今後そうならないためにはどうしたらいいかを話し合うこと。くれぐれも、「しょうがないわね」といって、お金を渡したりしないでください。

「分割払い・リボ払い」は手数料が取られる

「わー、この商品、10万円もするの？　高いね。なのに、たった月5000円でいいのってなんで？　分割払いの金利手数料は売る側が負担《ふたん》しますって、どういうこと？」

「それは分割払いをおトクに利用できます、という宣伝だよ。『分割払いをする場合、金利がかかるけど、それを売り手である通信販売の店側が負担します』ってこと」

「高い商品を買ってもらいたいからだね」

「そう。いまお金が少ししかなくても、高いものが買える。でも支払いが長く続くから本当に払えるか、確認してから買わないといけないね」

「そうだね。でもどうしても欲しいけど、お金がない場合はどうするの？」

「できるだけ、お金を貯めてから買ってね。この会社の場合は金利手数料を負担してくれるけど、本当は分割払いにしたら、手数料（金利）がかかるものだから。ちなみにうちは、お店で買う場合はクレジットカードを使うよ」

「お金がなくても、クレジットカードがあれば高いものでも買えるよね？」

「いやいや、前にもいった通り『魔法のカード』じゃないから。ただの後払いだよ。使い方には気をつけないと。クレジットカードの利用代金を支払う方法は、一括払い、分割払い（2回払い、3回払いなど）、リボ（リボルビング）払いがあるよ」

「違いは何？」

「一括払いは、使用した翌月（または翌々月）にすべて支払うから、手数料はかからない。一般的に2回払いまでなら、かからないよ。それ以上の分割払いやリボは手数料（金利）がかかる」

「手数料（金利）を負担するよりも、やっぱり『貯めてから買う』が大事なんだね」

【子どもに学んでほしい点は…】

お金がないのに、買いたいものがある。そんなときに分割払いで買うことは「借金」することになるよ。将来入ってくるお金を、いまの自分が先に使ってしまうことを想像してみよう。「いまが良ければいい」とか、「あとで何とかなるだろう」というのは、とても危険な考え方。「貯めてから買う！　いまあるお金で買えるものだけにする」――これが当たり前だと考える人になろう。

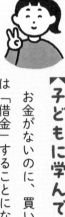

【おうちの方へ、アドバイス…】

分割払いは2回までは手数料無料のところが多く、3回以上から手数料がかかります。金利手数料はカード会社によって違いますが、分割払いは回数が増えるほど金利手数料が上がります。そしてリボ払いはつねに手数料がかかり、年利も15％に設定されているところが多いのです。

1回で払えないものは、基本買わない。親がその見本を見せてあげてください。とくに「リボ払い」はクレジットカードの利用額にかかわらず、あらかじめ設定した一定の金額を支払うだけでよいため、支払いがラクに感じて、使いすぎる可能性があります。残高に対して手数料（金利）を支払うしくみのため、一般的に総支払額が多くなるのでおすすめできません。

実際にいくら手数料（金利）がかかるか、シミュレーションしてみました。2回払いまでなら手数料なし、10回払いやリボ払いは、支払いがラクになる分、総支払額が多くなり、10万円の商品を月1万円の支払いの「リボ払い」で購入すると、7500円くらい余計に払うことになります。

支払い方法による支払い総額の違い

10万円の商品をクレジットカードで購入したとき…

支払い方法	一括払い	2回払い	10回払い	リボ払い（金利15%）1万円の元利定額方式
1回あたりの支払い額	10万円	5万円	1万円+手数料	1万円 （11回目のみ7,497円）
手数料の計算式	なし	なし	購入代金×100円あたりの分割手数料（円）÷100円	各回の残高×金利÷365日×日数
手数料の総額	0円	0円	6,700円 =10万円×6.7円 ※下表より÷100円 1回あたりの手数料=670円	7,497円 ※端数処理方式により誤差あり 1回目手数料 10万円×15%÷365日×30日≒1,250円 2回目手数料 10万円×15%÷365日×30日≒1,140円 ……11回目まで続く
支払い総額	**10万円**	**10万円**	**10万6,700円**	**10万7,497円**

利用代金100円あたりの分割払い手数料の例

支払い回数	支払い期間	実質年率（%）	利用代金100円あたりの分割払い手数料（円）
3回	3か月	12.00	2.01
5回	5か月	13.25	3.35
6回	6か月	13.75	4.02
10回	10か月	14.25	6.70
12回	12か月	14.50	8.04
15回	15か月	14.75	10.05
18回	18か月	14.75	12.06
20回	20か月	14.75	13.40
24回	24か月	14.75	16.08
30回	30か月	14.75	20.10
36回	36か月	14.50	24.12

※手数料はカード会社によって異なります

安易に連帯保証人を引き受けない

「奨学金《しょうがくきん》セミナー講師で、千葉県に行ってきたよ。これ、おみやげ」

「ありがとう。おいしそう！　セミナーはどうだった？」

「たくさんの人が参加してくれたよ。じつはいま、大学生や専門学校生の約2人に1人が奨学金を利用しているの」

「え、2人に1人？」

「そう。ママも4年間借りて、大学に進学したんだよ」

「そうだったんだ。お金を借りるのは、学生本人だよね」

「うん、私名義の預金口座に、毎月奨学金が入ってきていた。親に連帯保証人、親戚のおじさんに保証人になってもらったの」

「レンタイホショウニン？」

「金融機関がお金を貸すときに、もしも返してもらえなかったら困るでしょ？　だから借りた本人が返せなくなったときに、代わりに返済する『保証人』を立てなくてはいけないの。なかでも『連帯』とついているほうの保証人は、より責任が重くて、借りた人に代わって返済することを約束する」

「人が借りたお金を返す義務が発生するのか」

「そう。だから安易に引き受けちゃ絶対ダメ。日本学生支援機構で奨学金を借りる場合、連帯保証人は原則として父または母、保証人は『4親等《しんとう》以内の親族』で、本人及び連帯保証人と生計が別な人、つまりおじさんかおばさんといった身内に限られてるの」

「ちゃんと勉強して、ちゃんと就職しなくては、親や親戚に迷惑がかかるわけか……」

「そうだね。奨学金の連帯保証人は、本人が返さなかったら、未払いの分の全額を返済しなくてはならない。保証人はその2分の1だよ。もしも保証人が用意できなければ、保証機関に保証料を払ってお願いすることになるよ」

【子どもに学んでほしい点は…】

勉強のためにお金を借りるためには、いろんな方法があるよ。奨学金はそのうちのひとつ。学生本人が教育費のためにお金を借りて、卒業して半年後から15年や20年くらいかけて分割で返済をする。基本的には保証人が必要だよ。

教育費を借りるには、ほかに「教育ローン」（つぎの項目でくわしく説明します）があるけど、こちらは収入がある大人じゃないと借りられない。教育ローンももちろん「連帯保証人」が必要だよ。お金を借りるということは、それだけ重大なこと。なるべく借りずに済むように、家族でお金を貯めることに協力しよう。

もしも大人になって、友達から保証人を頼まれても、キッチリ断ってね。「ちゃんと返すから大丈夫、名前借りるだけだからさ」なんて気軽にいってくる人とは、距離をおこう。一番大事なのは、自分とその家族だから。

【おうちの方へ、アドバイス…】

奨学金は日本学生支援機構（旧・日本育英会《いくえいかい》）のほか、学校独自のもの、民間企業が設立した公益財団法人の奨学金などがあります。

日本学生支援機構「令和2年度 学生生活調査」によると、大学学部で49・6%、短期大学で56・9%、大学院修士課程で49・5%、大学院博士課程で52・2%の学生が、なんらかの奨学金を利用しています。

奨学金が人生で初の借金になる子どももいると思います。「借金をすること」についてよく説明をしてあげてください。
また、同時に連帯保証人になる怖さを伝えてください。友達に頼まれたからといって、安易に借用証書の連帯保証人・保証人の欄にサインや印章《いんしょう》を押すのは、絶対にやめさせましょう。やさしい子ほど、悪い人物に騙される可能性が大きいのです。うちの子はやさしすぎると思っているのなら、「親から保証人は禁止されている」というセリフを覚えさせてください。いまのうちに、お金の危険から身を守る術《すべ》を教えてあげましょう。

ローンを組んでいいのは「住宅」だけ?!

～駅前の信用金庫にて「教育ローンは当行にご相談ください」というポスターを見かけて～

「教育ローンって何?」

「ローンは金融機関からお金を借りて、少しずつ返済するしくみのこと。お金の使用目的が教育費に限定されているのが、教育ローン」

「教育ローンは奨学金とは違うの？」

「借りる人が違うよ。教育ローンは親がまとまった額を一括で借りるもので、一定以上の収入がある人しか借りられない。奨学金は学生、つまり子ども自身が借りるもの。学生が毎月一定の額を借りて、卒業後に分割で返済する。『給付型』という、もらえる奨学金もあるけれど、多くは『貸与《たいよ》型』といって返済が必要なの」

「ローンは親、奨学金は子どもの借金なんだね」

「そう。ちなみに教育ローンには、民間の金融機関のローンと国の教育ローンがあるよ。国の教育ローンは固定金利2・25％（2023年10月現在）で、民間の金融機関は多くが変動金利で、2％から5％程度と幅がある」

「固定金利と変動金利はどちらがいいの？」

「どちらにもメリットとデメリットがあるから、一概《いちがい》にどっちがいいとはいえないな……固定金利は、返済期間中に金利が変わらず、返済金額がずっと同じだから、安心感がある。でも低金利が続いている時期は、一般的には固定のほうが金利が高い」

「金利が上がってきたら、変動金利を選んだ人は、返済額が増えちゃうってこと？」

「そうだね。予想は難しいから、金利が上昇しても返せるか、シミュレーションが必要。ロ

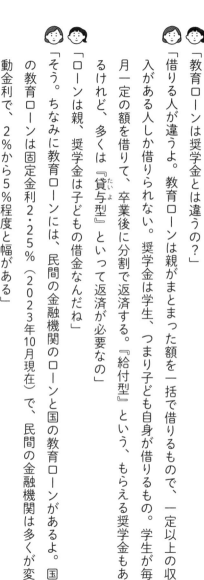

ーンは教育費のほかにも、住宅購入用の住宅ローン、自動車購入用のマイカーローン、何にでも使えるフリーローンがある」

「いろんなローンがあるんだね」

「それぞれ金利が違うよ。フリーローンは使用目的が決められていないけど、一番金利が高い。住宅ローンは家や土地を『担保《たんぽ》』にしてお金を借りるから、もっとも低金利だよ。でも借金が返せなくなったら、担保になっている家や土地が売られてしまう」

「こ、こわい……」

「だから慎重に検討しないとね。住宅・教育・老後、人生3大支出の話をしたことがあるよね。なかでも住宅と教育は一度に大きなお金が必要。でも、教育費の大部分は大学進学資金だから、毎月2万円を17年間貯めたら、約４００万円。借りなくても、なんとかなりそうだよね」

「借りずにコツコツ貯めて準備できたら、カッコイイ！」

「ローンを使っていいのは『住宅』だけかな？　教育費やクルマの購入費をローンに頼ってしまうと、三大支出の最後の難関『老後のお金』の準備が大変になるからね」

【子どもに学んでほしい点は…】

「ローン」は、銀行など金融機関からまとまったお金を借りる方法だよ。一定の収入がある大人が、審査を受けて借りる。使用目的が決まっていない「フリーローン」は金利が高くなる。

フリーローンと似たものに「カードローン」があるよ。フリーローンはまとまったお金を1回だけ借りるときに使い、カードローンはあらかじめ金額を設定し、その範囲内なら何度でも借りることができる。

ちなみに、買い物の代金をあとから払うものは「クレジットカード」。こちらも一定の収入がある大人が、事前に審査を受けて、利用できる限度額を決めてカードを発行してもらい、お店などで使うよ。

各種ローンもクレジットカードも、後払いというところが共通しているね。そして手数料（金利）はさまざまなので、どの借り方が一番いいか比較しよう。でも、一番お金がからないのは「貯めてから使う、なるべく借りないこと」だよ。

固定金利と変動金利の特徴

金利タイプ	特徴（メリット）	デメリット
固定	・借入時に総返済額が決まる ・返済計画が立てやすい	・一般的に変動より高い金利に設定されていて、総返済額が多い ・市場の金利が下がっても恩恵はない
変動	・一般的に半年ごとに金利の見直しがあるため、総返済額が変化する ・低金利が続けば、総返済額が少なくて済む	・金利が上昇すれば、総返済額が増える ・元利均等返済の場合、返済額の見直しは5年ごとになっている場合が多く、金利が上昇すると返済額のうち、金利が占める割合が高くなり、元金の減りが遅くなる

【おうちの方へ、アドバイス…】

金融機関からお金を借りる際には、金利（手数料）がかかります。固定金利と変動金利、それぞれの特徴とデメリットを理解してから、利用しましょう。

変動金利を選ぶ場合には、金利が上昇しても払えるかをシミュレーションしておくことが大事です。

また、余裕資金を準備しておき、上昇する前に繰上げ返済を行なって、元金を減らすなどの金利上昇時の対策をあらかじめ検討しておきましょう。

「ローリスクでハイリターン」そんな投資はない

「子どもの名義《めいぎ》でつくったジュニアNISAは制度が終了したから、新たに購入することはできなくなったよ。でも、制度が終わる前に購入していたものは、高校3年生の12月末まで、利益が非課税になる」

「私は何をもっているの？」

「インデックスのバランスファンド」

「全然わかんない……」

「インデックスとは指数《しすう》のこと。代表的なものは日本の株式なら、日経225やTOPIX（東証《とうしょう》株価指数）、アメリカの株式なら、NYダウやS&P500など、その株式市場の株価の動きを表す指数と同じような成果になるように運用する投資信託のことをインデックスファンドというよ」

「ふーん。じゃあバランスファンドは？」

「ひとつのファンドで、株式、債券、リート（REIT：不動産投資信託）などに分散して投資できる投資信託のこと。海外に投資するものもある。配分は投資信託ごとに違うよ」

「そうなんだ。難しいな……いま、儲けが出ているの？」

「少しだけね。株式と債券に投資するバランスファンドのうち、教育費に使う目的だから、債券の割合が多くて、リスクが低いものを選んだ。だから、大きく下がらないけど、大きく上がらない。ローリスク、ローリターン」

「リスクって？」

「リスクは、投資の用語として使う場合は、価格の振れ幅のことを指すよ。振れ幅が小さいとリスクが小さい、振れ幅が大きいとリスクが大きい。ローリスクな金融商品は価格の変動が少ないから、儲ける幅も小さく、ローリターンになる」

「じゃあ、ローリスクでハイリターンなものってないの？」

「ないない、絶対ない（笑）そんなおいしい商品、あったら教えてほしい。あと、リスクとリターンは比例すると覚えてね」

【子どもに学んでほしい点は…】

「絶対儲かる、簡単にラクして稼《かせ》ぐことができる、いまだけ、君だけに教える」――そんな言葉を聞いたら、その人物から急いで逃げよう。18歳で成人になったばかりの大学生など、若い人が投資詐欺で騙されています。たとえサークルの先輩やバイト先の先輩でも、信じてはダメ。その先輩も騙されているのかもしれない。

そして、使う予定があるお金は投資してはいけないよ。そして借金してまで、投資するなんて、もっと考えちゃダメ。「借りて投資しても、すぐに元が取れる」なんて甘い言葉をうのみにしないでね。

【おうちの方へ、アドバイス…】

「リスクとリターンは比例する」、つまりリスクをとらずにリターンは得られません。こういった投資の基本を子どものうちから教えていきたいですね。

ベーシックな投資は余裕資金で、複数年かけて「年平均3～5％程度」の利益を上げることです。そのため長期でじっくりと資産を形成する「積立の分散投資」がおすすめです。投資で一気に稼ぐ、勉強しなくてもすぐに儲かるといった魔法みたいなことは、ありえません。お金に困っているときこそ、詐欺にひっかからないように気をつけましょう。投資は良い時期と悪い時期を経験しながら、少額の投資を続けていくこと、そして時間を味方につけることが大切です。

円高と円安、トクなのはどっち?!

「高校受験が終わったら、パーッと、海外旅行にでも行きたいな」

「どこに行きたいの？」

「海岸のリゾート地！」

「いいね。ママも行きたいな。でも、いま円安だから、すごく高いよ」

「いま１ドル１５０円くらいだものね」（２０２４年３月現在）

「たとえば、海外のホテル宿泊費が１００ドルなら、１５０円だと１万５０００円になるけど、１ドル１００円なら１万円で済む。つまり、いまは円の価値が安い状態だから円安」

「逆に、海外から日本に遊びにくる人はお得だ」

「日本でいっぱい観光や買い物をしてくれたら、日本の経済が良くなるね。でも、うちは円高のほうがメリットがあるんだよ」

「なんで？」

「パパの勤め先は、食品メーカーでしょ。原料の多くを海外から輸入しているから、円安になると、原料費が上がって利益が減るの。当然、ボーナスに影響するよ」

「そうなんだ。円安が落ち着くまでは、海外旅行よりも国内旅行かな」

【子どもに学んでほしい点は…】

アメリカドルは国際間の貿易や資本取引において、おもな決済通貨として使用されていて、各国の通貨の価値を比較するときの基準になっている。つまり「世界の基軸《きじく》通貨」だよ。

円高と円安、どちらがお得かは、立場によって変わる。一般的に、輸出する企業は円安、輸入する企業は円高だとお得。個人の場合は、海外に旅行する場合は円高のほうがお得だけど、米国株式や米国債券などドルで価格が表示される資産をもっている場合は、円高になると円で評価したときの資産評価額が下がって損になる。

ただし、通貨を交換するときの「為替《かわせ》レート」は需要と供給で決まるから、つねに変化している。だからずっと損しているとか、ずっと得している状態にあるワケではないよ。円高でも円安でも、急激な変化への対応は難しいから、自分にとって悪い影響が出ていないか、相場の動きに注意しておこう。

【おうちの方へ、アドバイス…】

最近は個人でも外貨建ての資産をもつ方が増えてきました。とくに米国のドルの預金や保険、海外ETF（米国ドル建て）など、為替の影響が大きいため、円高・円安の影響をよく理解しておきましょう。1980年以降のドル円の相場は、1ドル200円台でしばらく推移してから1985年以降に200円を割り、その後は「150円から100円のあいだ」で動いています。ただし、1994年から1995年と2008年から2013年のあたりに100円を割り、円高が続いた時期がありました。日本は資源や食料の自給率が低い国であるため、150円以上の円安は、好ましくないかな？　と個人的には感じています。

レッスン5

お金の増やし方を話そう

新しいNISAがスタート。お金の制度に敏感に

～ニュースで「新NISAが始まりました」と報道されているのを見て～

「新NISAって、NISAが新しくなったの？」

「そう。NISAは2014年に始まった制度だけど、それがリニューアルしたの。そもそも株式や投資信託に投資をした場合、利益が出たら税金を払わなければいけないけど、このNISAの口座で買った場合は、投資の利益に税金がかからないという、非課税《ひかぜい》の制度だよ」

「投資で得られる利益って何？」

「株式や投資信託は、買ったときよりも、売るときに値段が上がっていたら、差額の分が儲《もう》かるでしょ？　たとえば株式を1株1万円のときに100株買ったものを、1株1万5000円になったときに全部売却《ばいきゃく》したら、50万円の利益が出る（売買《ばいばい》手数料はないとする）。この50万円の利益に20・315％の税金がかかるから、約10万円が引かれてしまうけど、NISAの口座を利用していればかからない」

「なるほど」

「売却したときだけではなく、株式や投資信託を保有しているあいだに、配当金や分配金が出た場合も、税金がかからないから、満額《まんがく》を受けとれるの」

「配当金、分配金って何？」

「配当金は、株式を保有している株主が、企業から受けとるお金のこと。企業は利益が出たときに、儲けの一部を株主に配ってくれる。利益が出ないときは、原則、企業から配当金は出ない。そして分配金は、投資信託を保有している人に、投資信託の運用者から、利益の一部を投資家に分配するお金のこと。どちらも必ず出るワケではない」

「難しいけど、とりあえず、税金がかからないんだね」

「そう、そして2018年からは『つみたてＮＩＳＡ』という、投資信託を毎月一定の額を買う『積み立て購入』専用のバージョンもできたの。でも、一括で買うタイプの従来のＮＩＳＡ口座（一般ＮＩＳＡ）と、つみたてＮＩＳＡ口座は同時に使うことはできなかった」

「どっちか選ぶの？」

「うん、ちなみに一般ＮＩＳＡは非課税期間が5年、つみたてＮＩＳＡが20年だった」

「5年って、あっというまじゃない？」

「そう。だからママは、つみたてNISAで投資信託を毎月買っていたの。そのNISAが、2024年から、つみたて投資の枠《わく》と、株式を買うことができる成長投資の枠が、同時に利用できるようになった。さらに非課税期間も無期限になり、投資できる金額も大幅に増えた」

「10年経って、バージョンアップしたんだね」

「そう。非課税にする金額や期間を増やすので、投資を始めよう、という国からのメッセージだと、ママは思っているよ」

【子どもに学んでほしい点は…】

ニュースを見て、疑問に思ったことや、わからないことは、そのままにせず、ぜひ大人に聞いてみようね。

「なぜ？　どうして？　どういうこと？」と聞くことは大切なこと。お金のことに限らず、新しい知識を吸収していこう。国のさまざまな制度は、時代とともに変化するよ。制度が変わるということは、国の方針や考え方が変わるということ。そんな大事なことがあったときにはニュースや新聞で大きく報道されるから、自分なりに理解できるようにしよう。

【おうちの方へ、アドバイス…】

子どもと一緒に、ニュースを見ることはとても大切です。わが家は毎朝、NHKの「7時のニュース」を見ています。政治や経済の動きが、ざっくりとわかります。

子どもから質問を受けたら、面倒と思わずに、解説してあげてください。朝など忙しい時間なら、ちょっとメモしておいて、時間のあるときに教えてあげてはいかがでしょうか。大人も理解していなかったことを、子どもから尋《たず》ねられることがあるかもしれません。そんなときは学べるチャンスです。

「あとで調べて教えてあげるね」と子どもに伝えて、子どもに教えられるように学んでみましょう。わからないことは恥ずかしいことではなく、調べて学ぶことだと、子どもも感じてくれるでしょう。

近所の金融機関で〝マネー体験〟する

～郵便局のATMにて～

「今年もお年玉の半分を貯金できたね」

「毎月のおこづかいの1000円も半分くらいは貯金箱に入れてる。すべては推《お》しのイベント参戦費用のために(笑)」

「欲しいものを、貯《た》めてから使うことが身についてきたね」

「細かいものをパラパラ買うより、充実感が違う！」

「おお、そこに気がつけたか～」

「ところで、このポスター『郵便局でNISA』って書いてある。郵便局でNISAが買えるの？」

「正確にはNISAが買える、ではなくて、NISAの口座を開設して、その口座で投資信託や株式などの金融商品が買えるよ」

「そうか、NISAという商品があるワケではないんだね」

「NISAは制度の名前なの」

「郵便局でNISA口座をつくりましょう、というポスターなんだ」

「そう、NISA口座はおもに銀行や証券会社で開くことができるよ。郵便局は郵便配達だけじゃなくて、ゆうちょ銀行でもあるから。ちなみに、ゆうちょ銀行は『貯金』と呼ぶけど、銀行では『預金』と呼ぶよ」

「名前が違うんだ。NISA口座は、銀行か証券会社、どこで口座をつくっても一緒？」

「いい質問（笑）。じつは、大きな違いがある。NISA口座では、投資信託や株式が買えると話したよね。でも銀行は、投資信託しか扱ってないの。株式も買いたい場合は、証券会社でNISA口座をつくるといい」

「なるほど。こんどくわしく教えてね」

【子どもに学んでほしい点は…】

親と一緒に銀行に行ってみよう。そして、しばらく使う予定がないお金は、自分の名義《めいぎ》の普通預金口座（貯金口座）に入金してみよう。とくにお正月のお年玉は、けっこう大金だよね。手元においておくと使ってしまいそう、という人は少し面倒でも、預金しておいたほうがいいよ。
銀行では預金だけでなく、運用（投資）もできる。投資信託や保険商品も扱っているよ。
でも株式だけは、証券会社でしか買えないことを覚えておこう。

【おうちの方へ、アドバイス…】

一番身近な金融機関である「銀行」へは、親子で行くことをおすすめします。ＡＴＭや窓口の近くにポスターやパンフレットが多数設置されていて、お金に関する情報を得ることができるからです。

銀行で扱う金融商品は、個人向け国債、投資信託、保険商品などですが、投資信託は証券会社、保険は保険会社のほうが、それぞれ専門店なので数多くのものを扱っています。

ただし、証券会社や保険会社は、ふだんの生活では、なかなか行く機会がない場所です。ついつい、投資は特別なもの、そして好きな人だけがするものと決めつけて、敬遠する人も多いのです。

親子で「投資」のことを話す機会があれば、このような「投資アレルギー」を防ぐことができますよ。

貯めたら増やそう。投資にチャレンジする

～ニュースを親子で見ていて「日経平均がバブル後最高値に」と話題に～

「今日は、日本の株式の値段が上がったの？」

「そうだよ。日経平均が上がったということは、株価が上昇した企業が多かったということ。日経平均とは、日本経済新聞社が、東京証券取引所のプライム市場で取引されている企業のなかから、225社をバランスよく選んで、その株価をもとに算出《さんしゅつ》する指数《しすう》のこと。この指数が上がっていれば、多くの企業で株価が上がり、下がっていると多くの企業の株価も下がっているという傾向がわかるの」

「ニュースの最後に、いつもアナウンサーが読み上げているよね」

「そう。その日経平均が、3万5000円を超えて、バブル期以降でもっとも高くなったというニュースだよ」

「バブルって、みんなが派手なスーツ着て踊っていた時期のことだ」

「30年以上前の1989年12月29日に終値《おわりね》で3万8915円87銭《せん》になったのが、最高値。バブル後の最安値は、2009年3月10日に終値で7054円98銭だった」

「ひゃー！　5分の1以下。こわーい！」

「高いときに一度に買って、たくさん保有していたら、こわいね。いつ高値になって、いつ安値になるか、なかなか予想は難しいけど、日本の企業は一定の利益を出しながら、世界でもずっと活躍している。そして株価は下がったままではないの。2024年3月4日に終値で初の4万円台になったよ」

「高いときにはなるべく買わないで、安いときにいっぱい買えたらいいのに」

「あとから振り返ってみて初めて、あのときが一番高くて、あのときが一番安かったってわかるからね」

「じゃあ、株式はやらないほうがいいの？」

「価格の変化がガマンできない人は向いてないね。変化があっても成長を期待したいと考えるなら、株式も運用手段のひとつになるよ」

「買うとしたら、どんなふうに？」

「日本の株は、ほとんどが最低100株から買えるので、基本は、自分が応援したい、そして今後成長が期待できる企業の株を、時期を分けて、少しずつ買って、個人株主になる。そして、その企業の成長を中長期《ちゅうちょうき》的に見守るのがいい。短期で売り買いをして儲けるのは、プロでも難しいから」

「投資して、じっくり成長を待つの？」

「そう、投資の基本は、長期、分散、積立。ひとつの企業に集中投資してしまうと、もしもその企業がつぶれちゃったら、大変だから」

「どの企業がいいかを探すのが難しい……」

「もしも日本の株式に、広く浅く投資したいと思うなら、『日経225』という指数を目標にして、運用する投資信託がいいかも。投資信託は、みんなから少額の資金を集めて、運用の専門家が投資先を選ぶしくみの金融商品で、積立で購入するのに適しているの」

「ふーん。18歳まであとちょっとあるから、もう少し勉強してみる」

「金融商品は預貯金、貯蓄《ちょちく》性保険（積立型保険商品・個人年金保険）、債券、株式、投資信託など。それぞれ特徴とメリット・デメリットがあるから、こんどじっくり話すね」

「うん。今日は、日経平均の意味がわかったよ」

【子どもに学んでほしい点は…】

ＮＨＫの朝・昼・夜のニュースなどで、最後のほうに、アナウンサーが「為《かわ》替《せ》と株の値動きです」と読み上げるよね。株式も為替も、経済の状況を知るための大切な数字なんだ。

「日経平均」は日本を代表する企業の株価の動向がわかる指数で、金額だけでなく「前日に比べ３００円高《だか》の……」みたいに、動きも伝えられる。祝日や年末年始をのぞいて、月曜から金曜日まで証券取引所で株式が売買されているので、それに合わせて発表されているよ。

【おうちの方へ、アドバイス…】

ある程度貯蓄の大切さを伝えたら、つぎは投資について話してみましょう。投資は短期で大儲けするものではなく、中長期にじっくり資産を形成していくという目的だということを、中学生までにしっかりと伝えておきたいですね。

預貯金口座または証券会社等の口座の有無と、現在保有している金融商品

			口座の有無			現在保有している金融商品									
		総数	口座を保有している	口座を保有していない	総数	預貯金（ゆうちょ銀行の貯金を含む）	金銭信託（ヒットを含む）	積立型保険商品（生保・損保）	個人年金保険	債券	株式	投資信託（MRF、MMF、REITなどを含む）	財形貯蓄	その他金融商品（金貯蓄口座、金融派生商品など）	いずれも保有していない
			%	%		%	%	%	%	%	%	%	%	%	%
全国			98.8	1.2		96.9	4.9	36.6	25.1	6.9	32.9	26.8	9.5	6.7	2.6
（実数）		(5,000)	(4,942)	(58)	(5,000)	(4,847)	(247)	(1,829)	(1,257)	(346)	(1,643)	(1,341)	(475)	(334)	(131)
世帯主の年令別	20歳代	(171)	97.1	2.9	(171)	94.2	10.5	31.6	22.2	5.3	22.2	22.2	8.8	5.3	4.7
	30歳代	(648)	98.0	2.0	(648)	95.8	6.9	37.5	25.3	4.9	28.5	29.8	13.4	6.8	3.9
	40歳代	(1,052)	98.8	1.2	(1,052)	96.5	4.2	34.7	24.2	4.5	28.4	27.3	11.4	6.2	2.9
	50歳代	(1,024)	98.8	1.2	(1,024)	96.5	5.5	37.5	31.0	5.5	31.4	26.3	15.4	7.0	3.0
	60歳代	(1,022)	99.1	0.9	(1,022)	97.7	4.2	37.3	26.9	10.3	36.0	26.3	5.5	7.1	2.3
	70歳代	(1,083)	99.4	0.6	(1,083)	98.2	3.8	37.1	19.2	9.0	39.8	26.3	3.6	6.6	1.3

＊複数回答可
＊金融広報中央委員会「知るぽると」内「家計の金融行動に関する世論調査［二人以上世帯調査］」より

なぜなら、高校生や大学生になり、親よりも友人・知人と一緒にいる時間が増えると、「絶対に儲かる」「ノーリスク・ハイリターン」という怪《あや》しげな投資話に騙《だま》されてしまうから。親子で会話する時間がとれるうちに、投資の基本を話しておきたいですね。

ちなみに年代別の金融商品の保有率（複数回答）は、金融広報中央委員会「家計の金融行動に関する世論調査（2022年）」によると、1位は預貯金（96・9％）で、ほぼすべての家庭で保有しており、2位が積立型保険（36・6％）、3位が株式（32・9％）、4位が投資信託（26・8％）、5位が個人年金保険（25・1％）と

なっています。
株式や投資信託を保有する家庭は、約３割程度まで増えています。年代別では、株式は70代で39・８％、60代で36・０％と退職世代が高く、投資信託は30代で29・８％、40代で27・３％と、比較的若い世代の保有率が高くなっています。

預金・保険・投資信託・株式…どんな金融商品があるか

「うちはどんなふうに投資をしているの？」

「目的別に金融商品を保有してる。教育資金は学資《がくし》保険と積立預金が中心で、一部をジュニアＮＩＳＡで投資信託。老後資金は個人年金保険とｉＤｅＣｏで投資信託を積み立て。そのほかに余裕資金をＮＩＳＡのつみたて投資枠で投資信託を買っているよ」

「株式や債券はもってないの？」

「もってないけど、投資信託の中身に入っている」

「あ、そうだったね。保険も投資なの？」

「保険には掛け捨ての保険と貯蓄もできる保険の2タイプがあるの。満期にお金を受けとる、いわゆる貯蓄性保険は、資産運用方法のうちのひとつ。学資保険は子どもが17歳のときに1人あたり200万円、大人は夫婦で60歳から10年間、毎年130万円を受けとる個人年金保険に入ってる」

「投資信託と保険で運用する違いは何？」

「ざっくりいうと、投資信託は自分で運用する。保険は保険会社に自分の代わりに運用してもらう。保険会社のホームページを見ると、資産運用（一般勘定《かんじょう》）の方針が載《の》っているよ」

「保険会社の運用は債券が多めだね」

「支払期日に必ず払わなければいけないから、安定的な運用方針になるよ」

「じゃあ、あまり増えないね」

「そう、でも途中で解約しなければ、ちょっぴり増えた金額を満期《まんき》に受けとれるから、預金口座におきっぱなしよりはいいでしょ。うちは万が一のことがあったら、以後の保険料は必要なしになるものに入っているから」

「ふーん。いろいろ考えて、金融商品を使い分けしているんだね」

【子どもに学んでほしい点は…】

金融商品にはいろいろな種類があります。一番身近なものは預貯金。特徴は「元本《がんぽん》」といって預けたときの金額が、減らないこと。

株式は、元本保証はない代わりに、投資した企業が成長したら、投資した金額が増える可能性がある。反対に企業が倒産してしまうと、株式はゼロ円になる。簡単には手をだせないし、しっかり勉強しないと、大きな損をしてしまうよ。

債券は会社や国に一定の期間お金を貸して、利息を受けとり、満期が来たらお金をそっくりそのまま返してもらう。金融商品にはそれぞれ特徴があるから、目的に合ったものを選ぼう。

【おうちの方へ、アドバイス…】

わが家では、ふだんの会話を通して、子どもに「お金を増やす手段」を伝えています。いま保有している金融商品をどんな目的で購入したのか、親の思いや考え方もていねいに説明することを心がけています。まだ、よくわからなかったとしても、投資の話をくり返すうちに苦手意識がなくなるかもしれません。お金の増やし方に正解はありません。お金を貯める目的や自分のリスク許容度に合わせて、最適な組み合わせを考えましょう。

お金に働いてもらう。「投資」が必要なわけ

「投資は必ずしなくてはいけないものなの？」

「しばらく使う予定がないお金は、預金においていても増えないよね。だから貯めたお金の一部は、ゆっくりと増やすことが、おすすめなの。物価が上がると、100円だったものが120円になったりするでしょ。預金のままだと価値が目減《めべ》りする可能性があるよ」

「でも増やそうと思って投資したのに、お金を減らすこともあるんでしょ。せっかく貯めたお金を減らしたくない」

「投資の初心者がお金を増やそうとするときは、あせらずゆっくりと、分散して投資するこ

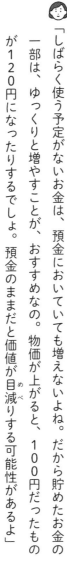

とがポイント。投資でお金を減らす人は、投資のつもりで投機《とうき》をしているのかも」

「投機って何？」

「短期に売買をくり返して、儲けようとすることだよ。手元にある資金をひとつのものに集中投資して、大儲けを狙うわけ」

「短期で儲けようとするとダメなんだね」

「そう。たとえば『株式会社』はいろんな商品やサービスを提供しているでしょ。そのなかから、今後成長しそうな、自分が応援したい会社を選んで、株式を買って、配当金をもらったり、株価が上がるのをゆっくり待つのがいい投資方法だよ」

「どれかに選べないときはどうしたらいいの？」

「その場合は投資信託がいいかな。いろんな会社の株式や債券を、みんなでお金を出し合って購入する金融商品だよ」

【子どもに学んでほしい点は…】

じつは、お金は「働きもの」。たとえば「株式」を買うと、その会社に出資《しゅつし》して、個人株主になることができる。そして株主になると「株主総会」という大事なことを決める会議に出席することができるよ。

また、会社に利益が出た年は、利益の一部を「配当金」として、株主に還元《かんげん》してくれることもある。会社によっては、株主に長くつき合ってほしいから「株主優待《ゆうたい》」といって、プレゼントをくれるところもある。

「投資」にはいろいろなメリットがあるよ。ただし、会社がつぶれてしまうと株価が0円になっちゃう。だから、最初は投資信託など、分散して投資する方法からスタートすることがおすすめだよ。

【おうちの方へ、アドバイス…】

これからの日本は、投資が必要な国になるでしょう。少子高齢化が進み、年金だけでは老後資金に不安があります。また、食料や資源の多くを海外からの輸入品に頼っているため、海外の物価上昇や為替の影響を大きく受け、国内の物価が上昇する可能性もあります。

そのような状況に対応するには、投資の力を活用することが大切です。祖父母の世代は、株式投資をする人は一部の「投資愛好家」に限られていました。しかしこの10年ほどで、インターネット専業の証券会社が成長し、さらにつみたてNISAの誕生で、初心者でも気軽に、少額から積み立て投資をすることが可能になりました。

新NISAがスタートし、投資の年間上限額が上がるなど、初心者が投資を始める環境は整いつつあります。投資はなぜ必要なのか、子どもに説明してあげましょう。

親子で証券会社のホームページを見てみる

「何してるの？」

「証券会社のホームページで資産運用の状況を確認しているよ」

「毎日チェックしているの？」

「いや、一応、月1回程度見ているだけ。NISA口座で自動的に毎月一定の額で投資信託を買うように設定してあるから、基本は何もしなくていいの」

「ほったらかしだね」

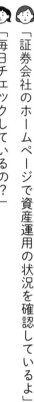

「相場《そうば》が急に動いたときは、いま保有している投資信託がどうなっているか、相場の動き以上に下がっていないかチェックするけど、基本はそのまま。ほら、いまは調子がいいよ」

「おー、利益が出ているね」

「でも、積立を始めた2018年から、しばらくはマイナスだったよ。基本、景気が悪いときは投資信託の値段が下がるから、『いまは安く買える時期』だと考えて積立を続けていたら、ようやく利益が出た」

「いいときも悪いときも続けるんだ。この投資信託は、ジグザグにすごい動いているね」

「そうでしょ。その振れ幅が大きいほうが、長期に買い続ければ、利益が大きくなる可能性がある。預貯金は元本確保なので、価額は変わらないでしょ。だから利益は出ない。その代わり、残高《ざんだか》に応じて利息が受けとれるけど、いまは低金利だから、スズメの涙ほど」

「『使わない余裕のお金を積立で投資する』って、こういうことなのね」

【子どもに学んでほしい点は…】

運用について、本やインターネットで調べて知識を得ることは大事なこと。

さらに親が投資をしていたら、実際にどのように運用しているか見せてもら

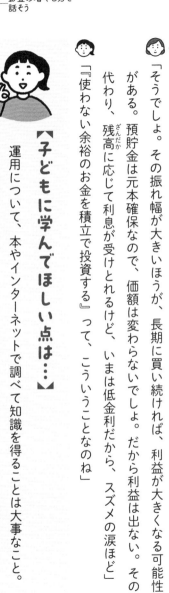

うと、より理解が深まるよ。証券会社や銀行のホームページにログインすると、自分の家の資産状況や、これまでの取引の記録が載っているし、リアルタイムのマーケット情報もわかるので、まずは観察してみよう。

【おうちの方へ、アドバイス…】

旧NISA口座の利用数は、金融庁の調査によると、一般NISAは約1128万口座、つみたてNISAは約906万口座、ジュニアNISAは約104万口座でした（2023年9月末時点）。

2024年1月1日からは新NISAが始まり、つみたて枠と成長投資枠（旧一般NISA）を併用できるようになりました。なお、ジュニアNISAは廃止となっています。

すでに運用を始めている方は、親子で一緒に証券会社（銀行）のホームページを見ながら会話をしてみましょう。まだの方はチャレンジしてみては？　ただし、余裕にある資金で少額から、10年以上の長期に続けることを意識しましょう。親子で学びながらスタートするのがおすすめです。

何年で資産が倍になるか？は「72の法則」でわかる

「今月もお金がギリギリだ。大人になったら、自由に使えるお金がもっと欲しいな」

「がんばって稼《かせ》ぐことだね。余裕資金を投資に回し、お金にも働いてもらうと、より早くお金を貯めることができる可能性があるよ。長期投資をすると複利《ふくり》の効果が活用できるから」

「複利の効果？」

「そう、投資から得られた利益を、投資の元本に入れて再投資すると、利益の分に利益がつくよ。それを『複利』っていうの。ちなみに利益を元本に入れず、元の金額のまま再投資するのは『単利《たんり》』といって元本にしか利益がつかない。で、長期投資は時間を味方につけて複利で増やすことができる」

「単利より複利のほうが貯まるね」

「お金を貯める目標を立てるときに、便利な計算式があるよ」

「計算式？」

「72の法則といって、複利で運用したときに、何年で資産が倍になるかを計算する式だよ。

72÷金利（年利）＝期間（年）で計算する。たとえば、年利3％の金融商品を複利で運用したら、72÷3＝24年で倍になる」

「24年か〜。けっこう時間かかるね」

「仮に4年で倍にしたかったら、72÷4＝18だから、年利18％の金融商品を探さないと」

「それって現実的なの？」

「相当難しい。でも、どこかで見た数字じゃない？」

「あ、この前教えてもらった、カードローンの上限金利！」

「借りたお金を返済せずに放置していたら、4年で倍になるってこと」

「おそろしいね、金利って」

【子どもに学んでほしい点は…】

貯めたお金を資産運用で倍にするには、一般的には長い時間が必要。運用の成績はプラスの年もあれば、マイナスの年もあるから、一喜一憂《いっきいちゆう》しないでじっくり待つことが大切。

そして「複利の力」は資産運用のときは味方になるけど、借金したときは、敵になってしまう。もしも約束通りにお金を返さないと、高い金利で再計算されて、いつまでたっても借金が減らない状態になってしまうよ。お金を借りる際には慎重になろう。

【おうちの方へ、アドバイス…】

資産運用で元本を2倍にするには、通常の投資の場合、年利3%から5%であるため、20年程度かかります。もしも、短期で実現しようと思ったら、相応のリスクをともないます。

そして金利は、借金をするときにも発生します。返済が遅れた場合は「遅延《ちえん》損害金」が「元金の残高」に対してかかります。借り入れ元本が「10万円未満」の遅延損害金は、上限が年29・2%。びっくりするほどの高金利です。「元金×利率（29・2%）÷365日×支払い期日後経過日数」という式で計算されます。安易《あんい》にお金を借りないことが大切です。

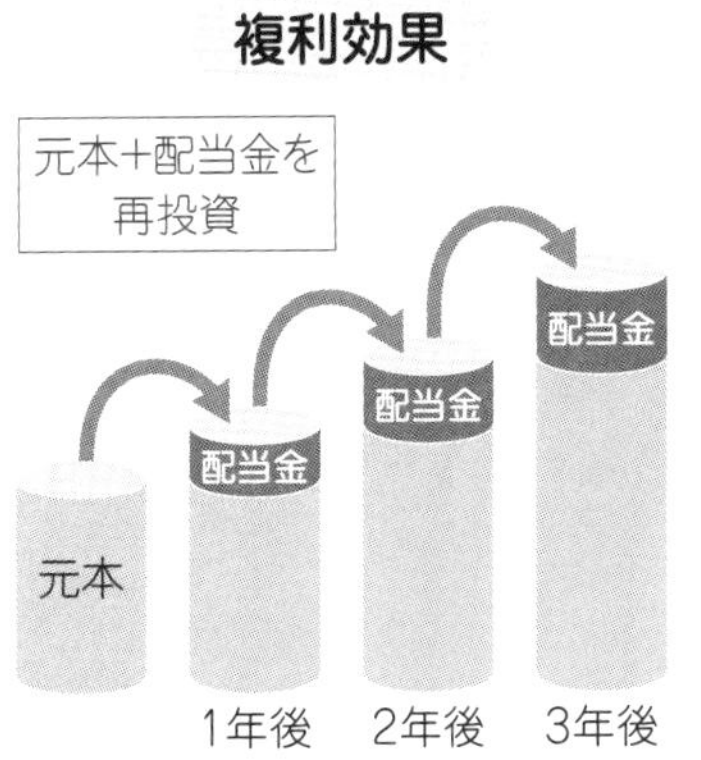

＊金融庁ホームページ「投資の学習」より

「年金の現状」など経済ニュースに関心をもつ

～「公的年金を運用する年金積立金管理運用独立行政法人（GPIF）の2023年（10－12月）運用実績が、5兆7287億円の黒字で、収益率はプラス2・62％となりました」というニュースを見て～

「5兆円！　すごいね」

「運用している元本が大きいから、収益も大きいね。2023年12月末時点の運用資産額は224兆7025億円。ちなみにマイナスのときも大きな額になるから、マイナスのときはマスコミが大騒ぎする（笑）」

「何に投資しているの？」

「国内株式、外国株式、国内債券、外国債券。それぞれ25％ずつだよ。運用を開始した2001年度からの累積の収益率はプラス3・99％、収益額は132兆4113億円と長期投資のお手本のような結果が出ているんだって」

「長期に分散投資した結果、約4％になっているんだね」

「この前教えた、72の法則で計算してみて。72÷4＝18年だから、すでに運用開始から倍以上になっているということだね」

「なるほど。やっぱり長期に分散投資をすると、上手に運用できるのか〜」

【子どもに学んでほしい点は…】

年金積立金の管理・運用は「GPIF（年金積立金管理運用独立行政法人）」という独立行政法人が担当しているよ。

約20年間で運用益は約１００兆円、すごい実績だね。リスクを分散するために、株式と債券に分散して投資をしているんだ。

一般的に、株式と債券の価額《かがく》は違う動きをする。たとえば、株式がマイナスの年は、債券がプラスになることが多いから、お互いに補《おぎな》うことができる。

さらに複利の効果（利益を元本に入れて再投資）が表れて、運用の後半は安定して増えているよ。

【おうちの方へ、アドバイス…】

日本の公的年金は「世代間扶養《ふよう》」といって、現役世代が払う保険料で、その時代の高齢者の年金を支えています。このまま少子高齢化が進むと、将来の年金を支えることが難しくなるため、現役世代が納めた保険料のうち、年金の支払いまでしばらく期間がある資金を、GPIFが年金積立金として運用をしています。

おもな投資先は国内外の債券と国内外の株式です。将来、年金積立金を取り崩して、年金の支給を支えます。なお本格的に取り崩すのは、厚生労働省の財政検証によると、50年以上先とされています。また取り崩す際にも、数十年かけて崩す予定です。

公的年金は老後の収入となる大事なもの、そして万が一、障害の状態になったときの保障となるものです。子どもに公的年金のしくみや大切さをしっかり伝え、未加入や未納をしないようアドバイスしましょう。

国民年金は20歳からの加入が義務ですが、大学生などの時期はお金に余裕がないかもしれません。「学生納付特例制度」を活用し、社会人となったあとに「追納《ついのう》」という、10年以内に保険料を納めて、国民年金の満額を確保する方法があることも教えてあげましょう。

おわりに――

近年、ようやく日本でも金融教育やキャリア教育にスポットが当てられるようになりました。お金は生きていくうえで欠かせないもの。学校での学びに加えて、家庭でも親から子へ、そしてつぎの世代へと、お金を稼ぐこと・上手に使うこと・さらに夢をかなえるために貯蓄と投資を頑張ること――そんな「お金の基本」を伝えていければいいなと感じています。

情報があふれ、システムも日々進化している時代、お金の常識はつねに変化しています。子どもがその変化に惑《まど》わされないためには、親も子どもと一緒に学び続け、自分の思いを子どもに伝える姿勢が必要です。ぜひ、そのための第一歩を踏みだしてください。

本書のしめくくりとして、みなさんにお伝えしたいこと。それは「お金に振り回されない人生を歩みましょう」。お金は人生をよりよくするための〝道具〟にすぎません。お金を貯めることが目的なのではなく、貯めたお金を生かして幸福に生きることが目的なのです。

最後に、本書の執筆を終始サポートしてくださった出版プロデューサーの長尾義弘さんをはじめ、FP業界の関係者の方々に感謝を申し上げます。

本書がお金の知識をアップデートするきっかけに、そして親子のコミュニケーションの架け橋となることを願っています。

山内真由美　やまうち・まゆみ

北海道出身、小樽商科大学商学部卒。ファイナンシャルプランナー、国家資格キャリアコンサルタント。「FPオフィス ライフ&キャリアデザイン」代表。中学3年生の双子の娘を子育て中。自身は幼少期、住宅ローンの返済に苦しむ家に育ち、奨学金を借りて国立大学に進学。卒業後、食品メーカーにて10年間営業企画を担当。夫の転勤にともない退職。不妊治療を経て40歳で双子を出産。夫婦の老後資金と双子の教育費の両立に不安を覚え、ファイナンシャルプランナーの資格を取得する。娘の小学校入学後、メガバンクの運用相談部門にて投資信託、外貨預金を案内する業務を経験。CFP®（日本FP協会認定）取得を機に、FP事務所を開業。様々な人生経験とFP知識をもとに、子育て世帯を中心に家計管理、資産運用、教育資金などの相談業務に従事。ウェブメディアでの執筆、高校での教育資金セミナーも精力的に行なっている。監修した書籍に『みるみる増えるお金の基本』（マキノ出版）、『これから始める！ 投資超入門ガイド』（ダイアプレス）ほかがある。

【HP】　【X】　【Instagram】　【Blog】

FPママの
親と子で学ぶお金のABC

二〇二四年四月二〇日　初版印刷
二〇二四年四月三〇日　初版発行

著　者――山内真由美
企画・編集――株式会社夢の設計社
〒一六二-〇〇四一　東京都新宿区早稲田鶴巻町五四三
電話（〇三）三二六七-七八五一（編集）

発行者――小野寺優
発行所――株式会社河出書房新社
〒一五一-〇〇五一　東京都渋谷区千駄ヶ谷二-三二-二
電話（〇三）三四〇四-一二〇一（営業）
https://www.kawade.co.jp/

DTP――アルファヴィル
印刷・製本――中央精版印刷株式会社

Printed in Japan ISBN978-4-309-29400-1